The Highly Sensitive Child

发掘敏感孩子的力量

献给敏感的孩子及其父母

(美)伊莱恩·阿伦 著 Elaine N.Aron 翟 青译

华夏出版社
HUAXIA PUBLISHING HOUSE

图书在版编目（CIP）数据

发掘敏感孩子的力量 /（美）伊莱恩·阿伦 (Elaine N. Aron) 著 ; 翟青译 . -- 北京 : 华夏出版社有限公司 , 2022.4（2025.6重印）
书名原文 : The Highly Sensitive Child: Helping Our Children Thrive When The World Overwhelms Them
ISBN 978-7-5222-0191-7

Ⅰ.①发… Ⅱ.①伊…②翟… Ⅲ.①家庭教育 Ⅳ.① G78

中国版本图书馆 CIP 数据核字（2021）第 219285 号

发掘敏感孩子的力量

作　　者	［美］伊莱恩·阿伦	
译　　者	翟　青	
责任编辑	王凤梅	
特约编辑	陈　静	
出版发行	华夏出版社有限公司	
经　　销	新华书店	
印　　刷	三河市少明印务有限公司	
装　　订	三河市少明印务有限公司	
版　　次	2022 年 4 月北京第 1 版	2025 年 6 月北京第 8 次印刷
开　　本	710×1000　1/16 开	
印　　张	16	
字　　数	137 千字	
定　　价	59.80 元	

华夏出版社有限公司　　网址：www.hxph.com.cn　电话：（010）64663331（转）
地址：北京市东直门外香河园北里 4 号　邮编：100028
若发现本版图书有印装质量问题，请与我社营销中心联系调换。

献给所有敏感的孩子，以及给予他们温柔，
抚养他们成长，让他们能克服世间重重困难的父母。

那一群落入凡间的精灵

有一天，我获得了一个新的身份——妈妈。虽然做心理师很多年，教别人怎么对待孩子得心应手，然而我自己，在面对这个新生命时，却依然好奇而陌生。我没有想到，迎接我的是这么大的挑战。

这个孩子居然不哭，出生的整整一年里，她那么乖，从来不哭，以至于邻居特别奇怪地问我："你家刚出生的宝宝不在家吗？"她每一次需要我，都喊："爱～爱～！"可是一岁以后，她好像突然学会了世界上有哭这样的事情，而且这个事情明显效果空前，于是小小人开始拉开号哭的人生序幕，在任意一个她觉得不开心的场合，都会大哭大闹起来。她这一哭，就是好几年。

幼儿园毕业仪式上，全班的小朋友演出《读书郎》，一个个小书童端着凳子萌萌地跳舞，只有我家的宝贝一动不动地站在队伍中，表情凄凄惨惨戚戚，别的妈妈问我："你家宝贝怎么了？"我流着汗回答："哦，她在扮演黛玉读书……"正是这个特别的孩子，开启了我研究高敏感儿童的大门。

她是如此与众不同，每一张照片都是思考的表情，极其深沉；吃饭只吃一样，去同一个饭馆，点同一个菜；不能听严厉的话语；害怕满地乱跑的小鸡……别的孩子能玩的很多她都不能玩儿。我要保护她，就需要承受周围人的眼光和指责，大家觉得我过于娇惯这个孩子。

无法让别人理解这个不同和差异，但作为母亲，和一个受过专业训练的心理咨询师，我又切实地知道这个差异一定是来源于天生的气质特征，而那时候，没有任何相关的文字和专业研究可供参考。

后来，我开始做家长的教育课程，有机会接触到更多类似的个案，当然，我接触到的个案都是问题比较严重的，比如，说话结巴，或者口齿不清，或者像机器人一样说话，伴随着其他感统失调和注意力不集中等一系列问题，我曾经一度认为他们应该属于阿斯伯格综合征的一种，但研究后又发现不是，他们还是当属正常人群，这不是病症，这只是一种特质。不恰当的教养方式会在这类孩子身上留下非常深的印迹。

非常开心地看到伊莱恩·阿伦博士在高度敏感的族群身上所做的研究，看到这本书，犹如看到我自己十年走过的历程，阿伦博士清晰地为每个阶段的高敏感族群孩子做了分类及指导，篇幅的限制，很多操作方式没有完全详细地展开，但每一个指导和操作都是非常具有执行性的。这一切，我相信，均来源于伊莱恩·阿伦博士自身的经历和实践。可以说，这本书，从真实的生活中提炼总结而来，原本就是真正的生活指导。

高敏感族群的孩子，是落入凡间的精灵，他们一定是走迷了路，才来到地球这个世界，被我们这些幸运的父母拥入怀中。适应地球生活，适应人类规则，与人类互动交往，是高敏感族群一生的功课。这个族群，总是在地球上不容易站稳，所以，很容易摔跟头，这也是高敏感族群的一大特征。有一次，在一个妈妈读书会上，有一位女作家，我分析性格时跟她说，你应该是不喜欢地球的，做人类很辛苦吧？她后来专门写了很长的文章给我看，确实，她一直认为自己不应该是地球人，她是来自星星的精灵，等待着遥远星球母亲的呼唤。

拥有这样的孩子，注定我们拥有不一样的视角和生活。中国人喜欢集体，不喜欢自己太异于常人，做父母也一样，当孩子与众不同时，我们是如此焦虑，想尽一切办法，就是想让这孩子与别人一样，至少我们会觉得这样的人生才是安全的、可靠的。为了变成和别人一样，我们费了很多很多的力气。在一次电视台的节目中，出现了一个高敏感的孩子，他的父亲是一个很爷们气概的人，为了训练这个孩子，他用了很多办法，看起来成功了，这个孩子变得不那么退缩被动，开始能正常与外界交流沟通，可是在那孩子的眼睛里，流露出的深深的忧伤，让我久久不能释怀。

高敏感的孩子，大多具有浓烈的艺术气质，培养得当，他们会表现得优雅而有礼貌，同时，他们是非常善良的一群人，很少会与别人发生冲突。另外的一种表现，是超强的逻辑思维能力，思考起来特别像机器人，偶尔一些情况下会表现出没有情感的一面。这两种状态其实是同一种感性能力下的极端反应，稍加调整就会有很大的改观。我们常人看小说、看故事、看杂志，高敏感族群的孩子抱着一本诗歌集看一天也是可能的。课堂里背不下来课文，但科学课上的内容能够全部复述；经常跑神，专心的时候却完全听不到外界的声音。阿伦博士用日常最常见的生活和事件，为高敏感的孩子留出一个难得的空间，让父母也终于能够放松一下，知道——这只是特质，这不是症状。

学会欣赏麻烦不断的孩子，对父母而言是一项严峻的考验，特别是在今天对成绩无比追逐的教育里，保持一颗淡定而平和的心，允许高敏感的孩子用自己的节奏，缓慢地成长。在标准林立的现代社会里，为高敏感的孩子撑起一片和缓的天空，更显得尤为可贵。伊莱恩·阿伦博士的一些操作方式可能在我们中国家庭里无法做到，但是其中的思想和所抱持的角度，依然值得我们借鉴。

能够有同行，值得庆祝！能够知道高敏感的孩子仅仅是具备了特殊的气质，值得庆祝！能够知道我们如何对待这些落入凡间的精灵，用人类特有的胸怀和温情，帮助这些精灵释放属于他们的力量，值得庆祝！

感谢为这个族群付出努力的同行们！

左　辉

（心智管理专家、家庭教育导师、家长公益大讲堂创办人）

目 录
CONTENTS

致　谢

特别感谢为本书的写作提供帮助的父母、老师和孩子们，他们不仅慷慨地接受我的采访，帮助完成调查问卷，还以自己的深刻见解启发我思考更多。

感谢我充满能量的编辑安·坎贝尔，以及我的经纪人贝琪·阿姆斯特。

感谢性格分析顾问简·克里斯托，她既是朋友，也是我的咨询师。

也感谢我的丈夫阿特，他是如此乐观、体贴，感谢他对敏感的家庭成员的包容；还有我的儿子，通过对他的研究，我得到了写作本书的第一手资料。

前　言

　　如果你在阅读本书，可能正是因为你拥有一个高度敏感的孩子。为了更好地理解何谓高度敏感，请你先完成前言后面的调查问卷（1~2页）。如果你的孩子符合其中大部分的情况，那么请你继续，让我们共同探讨这一话题。

　　很多人都知道，每个孩子在出生时就有自己的个性。"虽然只是个婴儿，她却总是知道自己想要什么，并且一定要得到它。""他总是很乖顺，喂他或者不喂他，改变他或者放任他，那些都无所谓。"和其他孩子一样，你的孩子也遗传到了独特的先天个性。当然，也许每个特征单独看来并没有那么独特，但这种典型特质却很容易被类型化，例如"意志坚强""性格温顺"等等。

　　高度敏感也是一种先天个性，人群中15%~20%的儿童具有这样的个性（男女比例相同）。有些婴儿完全不在意你是否去喂他，房间的温度如何，他们对声音和灯光环境同样浑然不觉；但是高度敏感的婴儿会关注各种细微的气味和温度变化，当被噪音惊扰或强光照射眼睛时，他们会以号哭表示抗议。

　　当他们再大一点，会显得比同龄孩童敏感，情绪也更易受伤，更爱哭，也更易忧虑；遇到开心的事情，他们容易抑制不住的高兴；他们常深思熟虑，因而显得羞怯，其实他们只不过是在仔细观察。

　　再长大一些后，这些孩子也显得更友好和善解人意，与此同时，若被不公平或不负责任地对待，或面临残酷事实时他们会更沮丧。

　　我们可以说出敏感孩童的种种特征，但针对每个独立的个体，却很难有精准的描述。因为他们各自有着不同的遗传特征，他们受到不同的家庭教育，经历不同的学校生活，也因此造就不同的独特个性。他们有的外向，有的内敛，有的坚韧，有的容易分神，有的骄横，有的适应性强——这些可以归纳为共同特征——敏感。

我为什么写这本书

首先谈谈我对敏感成人的研究，以及如何将这项研究延伸至儿童及儿童教育领域的。作为一名心理学家和心理咨询师，我自己也是高度敏感的人，还拥有高度敏感的孩子。正如在书中第一章提到的，我在12年前就开始将"高度敏感"作为专门课题进行研究，至今我已采访和辅导过成百上千的敏感对象，也从中收集到上千份问卷材料。我的研究成果在相关的专业期刊上发表过，它们也是本书的有力证据支持。

事实上，心理学领域对敏感婴儿和儿童的研究已有50年历史，只是以其他术语表述，类似于感知度低下、天生害羞、内向、担忧、压抑、消极或胆怯等。我个人写这本书的主要目的是想对这些特征予以厘清和"正名"。通过专著研究，我们可以更加准确地表述"敏感"这种特征，也能获得对敏感孩童的新的思考角度。

比方说，当一个孩子正在观察，我们更倾向于说她很害羞或害怕，有了这种理论研究的支持，我们理解了她是喜欢在行动之前停下来仔细观察；当一个孩子总是关注到所有的情绪和细节时，我们不再粗暴地认为他"反应过度"或者"避重就轻"，而能理解他敏感的神经系统在既定环境下可以观察到幽微的细节，这有什么不好呢？谁又能说这些细节孰轻孰重？就像没有人会在火灾发生之前去特别关注"出口"字牌，但紧急情况下，它却变成性命攸关的大事。

更重要的原因是，我自己是一个高度敏感的人，我更明白敏感的人的所思所想。当我们处于某种不利的情形下时，我们更易害羞或焦虑。但我现在能确信这种个性并非看起来那么简单，而是敏感特质的外化反应。我和学界同仁的研究显示，这种特征到底会发展成优势，还是演变为劣势，主要取决于父母的教育方式。世界上有太多敏感的人——大约占总人口的20%——其个性特征一直被视为缺点，但这并不符合进化论学说，因为很多敏感的人也拥有成功的人生。当我们意识到敏感的存在，能更准确地描述其特征，并灵活激发这种特质带来的优势，就可以更好地培养孩子。

事实证明，敏感概念的提出广受认同。此前我的两本书《天生敏感》和《高度敏感成人的爱情》出版后反响热烈，读者们纷纷反馈："我完全就是这样的，我以前都不知道其他人也有这样的感受……对内心宁静的强烈渴望，总是让我能感觉到他人，并想把事情做对。"（我的第一本书《天生敏感》因此成为畅销书，被翻译成荷兰语、日语、中文、希腊语和波兰语等。）读者们在信中表述自己多希望当年父母就能了解他们的敏感个性，或者希望能够获得如何养育敏感儿童的建议。

所以我觉得非常有必要出版这本书，尤其是一般的亲子教育书籍都会忽略抚养敏感儿童的特殊性，比如如何保持适度的刺激以及如何去做得更好。有书曾提到惩戒对高度敏感的儿童过于刺激，会导致他们太沮丧，无法改正错误，但这些观点却没有把如何养育高度敏感的儿童考虑进去，没有专门针对家庭教育的建议。

这本书是为众多敏感孩子的父母所写。我知道并理解你们在养育过程中遭遇的困难，而这些困难是可以通过学习克服和避免的。你们也许会认为孩子出现问题是因为自己还不够称职，在读完本书后，这种自责感会减轻很多，你会变得轻松，你的孩子也会跟着一起放松。

本书使用指南

首先建议你读完整本书。

第一部分是关于敏感个性的描述，你的性情如何决定你的养育方式，以及抚养过程中会遇到的最大的问题；

第二部分是针对从婴儿到离家独立生活的青年人，不同年龄层的孩子有不同的方法论；阅读时应整体把握所有章节，原因有三点：其一，每个章节都有很多新的观点，但这些观点也适用于其他年龄段的孩子；其二，在特殊压力下，敏感孩童的言行举止会退化到较小的年龄段，所以仅关注当前年龄段的章节是远远不够的；最后，回溯之前已发生的事，预想未来几年会发生的状况有助于当前你和孩子的相处，也有利于你对孩子的教育。

某些章节最后的"学以致用"部分，不是必做题，但是很有帮助，也很有趣。书里提供的都是我经历和采访的真实案例，仅仅隐去了姓名和身份细节，但保证有现实说服力。

总之，希望你愉快地使用本书。拥有一个敏感的孩子是一种福气，由于孩子如此与众不同，也会让你遇到一些复杂的情况，但是，记住这样一句话吧：一定是因为你内心渴求一个独特的孩子，上天才会赐予你这样神奇的礼物——这也是我的座右铭。

现在，你读到这本书，并确信自己的孩子独一无二。你还会从本书看到和学习到如何培养他，并将他养育得健康、充满爱心、适应性强和开朗乐观。

给家长的一份问卷：你的孩子高度敏感吗？

仔细回答以下问题。如果描述符合或者基本符合你的孩子，请选择"是"；如果不完全符合或者不符合，请选择"否"。

1. 容易受到惊吓	是	否
2. 经常抱怨衣服刺痒，袜子缝线或者衣服商标扎人	是	否
3. 不是很喜欢太大的惊喜	是	否
4. 温柔的指正比严厉的惩罚更有用	是	否
5. 似乎可以看穿我的心思	是	否
6. 会使用比自己年龄成熟的词语	是	否
7. 会注意到那些细微的、不易觉察的气味	是	否
8. 非常有幽默感	是	否
9. 直觉敏锐	是	否
10. 如果白天太兴奋，晚上很难入睡	是	否
11. 遇到重大变化很难适应	是	否
12. 如果衣服湿了或者有沙子进去就想换衣服	是	否
13. 爱问问题	是	否
14. 是完美主义者	是	否
15. 会注意到他人的痛苦	是	否
16. 喜欢安静地玩耍	是	否
17. 会问具有深度、思想激进的问题	是	否
18. 对疼痛非常敏感	是	否
19. 在嘈杂的环境中会感到烦躁	是	否

20. 关注细节（注意陈设的变动，懂得察言观色）　　　是　否
21. 在登高之前会确认是否安全　　　是　否
22. 没有陌生人在场时会表现得更好　　　是　否
23. 对事物有深刻的感受　　　是　否

得分
　　如果以上描述中有13条以上选择"是"，你的孩子很大可能就是高度敏感儿童。如果你只选择了一或两项"是"，但是你的选项有强烈的敏感特征，那你的孩子仍然可能属于敏感儿童。

· 第一章 ·

敏感特质
更好地甄别“害羞”和“难搞”的孩子

> 本章将帮你确认自己的孩子是否是高度敏感儿童，并全面探究其个性特质，同时展现一些关于孩子先天个性的知识。我们的目的是解除人们对敏感儿童的普遍误区，以及如何甄别高度敏感和行为失常。

"如果他是我的儿子，给他什么就吃什么。"

"你女儿太沉默了——你有没有考虑过带她看看医生？"

"小小年纪就这么成熟，他似乎想太多了？你难道不担心他容易不开心和忧虑吗？"

"朱迪情感上很容易受伤。她看到其他孩子被取笑或被伤害时会哭，听到悲伤的故事也会哭，我们不知道该拿她怎么办。"

"在我的幼儿园班上，所有孩子都参加集体活动，但你儿子就一直抗拒加入，他在家也这样固执吗？"

以上对话听起来耳熟吗？这些都是我采访过的父母说的。亲戚、老师、其他家长甚至精神科专家都给过他们类似建议。如果你也听到过，或许你的孩子就是一个高度敏感的儿童。这些话当然令人心烦，因为他们对你孩子的评价有点负面，而你却发现他有非同寻常的洞察力，他关心别人，也很敏锐。假如你按别人的建议去做，比如强迫孩子吃他不喜欢的食物、出席不愿参加的活动或带他看心理医生，那他就是在受罪；

> 一定要记住，这一切不是你的错误，更不是孩子的问题。

如果你让他随性发展，他反而会健康顺利地成长。然而，类似建议一再出现，你就开始怀疑自己的教育方法是否有问题，孩子的错误是否归咎于你。我常碰到这样疑惑的父母。

◆正视孩子的敏感

你可能会自我怀疑，也可能没人来帮你。你会发现大多亲子教育书籍都在关注"问题行为"——不安、走神、疯野或攻击。从这些角度看，你的孩子没有一点事。你正和书上常提到的问题"做斗争"——不好好吃饭、易害羞、做噩梦、忧虑以及突然爆发的没来由的激烈情绪。惩罚不能解决问题，因为你的孩子可能因为惩罚或批评情绪崩溃。

在这本书里，你会从敏感孩子以及其父母（我也是敏感孩子的母亲）的角度得到专业建议。我的首要建议是不要听信那些说你孩子有问题的话，更不要让孩子听信，孩子的与众不同不是你的过错。当然，父母的教育方法总有改进空间，这本书就是帮助你改进的，因为它是特别针对此类"与众不同"的孩子写的。一定要记住，这一切不是你的错误，更不是孩子的问题。

◆如何发现高度敏感

根据我个人的系统研究和专业经验，以及同僚不同形式的研究，这些孩子承袭了先天遗传气质的正常变化。15% ~ 20% 的孩子天生高度敏感——这个群体人数众多，不可能属于"不正常"的情况。在我们研究过的所有物种中都有同等比例的高度敏感群体，既然演变的结果如此，那这种性格特质必然有存在的理由。在讨论这点之前，让我们先看看如何发现"高度敏感"。

自 1991 年一位心理咨询师判定我是高度敏感人后，我就开始对这个课题感兴趣，只是当时还没打算写一本书，或宣布我的发现。在我的社区和任教大学里，我访谈了少部分"对身心刺激高度敏感"或"高度内向"的人，最初，我觉得敏感和内向似乎是一回事，两者都喜欢有一两个可以谈心的至交好友，而非被一大群人围绕，或与陌生人打交道。相反，外向的人喜欢参加聚会，有很多朋友却不一定会深谈，他们更享受结交新朋友。事实证明，内向并不等同于高度敏感，尽管有 70% 的高度敏感人群很内向，但其余 30% 的人却策略性地表现为外向型，这正是我的新发现。

为什么高敏感度的人也会外向呢？在我的受访者中，这类人通常在亲密和友爱的氛围中成长。对他们而言，群体意味着熟悉和安全。还有一些人则被家庭培养成外向型人格——犹如一种使命，高度敏感者总是尽力达成别人的期望。一位女士回想起她愿意变外向是因为当时她失去了唯一的好友，她决定以后不再依赖谁，也不想只有一个朋友了。

自从知道敏感特质不等同内向后，我还发现敏感的人不一定天生腼腆或"神经质"，也即焦虑或抑郁。这些特征都不是天生特有的，同样的问题也会出现在非敏感人群身上。

当我发出采访邀请后，志愿者踊跃不已。最终我遴选了 40 个年龄、性别和人生轨迹各异的敏感对象，每人谈话三小时。他们特别看重"高度敏感"这个词，而且觉得对自己意义重大。（很多人购买《天生敏感》

"在我的幼儿园班上，所有孩子都参加集体活动，但你儿子就一直抗拒加入，他在家也这样固执吗？"

这本书，就因为从书名中看到自己，正如你现在购买这本书也是觉得自己的孩子可能是高度敏感儿童一样）。

仔细消化了这些采访资料后，我设计了一份长问卷和一份短问卷（参见第 26 ~ 31 页），并发出了几千份问卷调查。其中 20% 的人能够立刻掌握那些描述他们的词汇，80% 的非敏感人群却不能理解，有的人甚至每题都答"否"，电话随机调查结果同样如此。敏感人群的确与众不同。

从那以后，我在这个主题上深入研究、写作和教学，很快我发现这个社会需要一本探讨如何养育高度敏感儿童的书。太多敏感的成人经历过悲惨的童年，他们的父母并不知道如何养育敏感的孩子，他们在养育过程中也对孩子造成了巨大的伤害。于是我采访了很多家长和儿童，根据访谈内容为上百种类型的家长设计了一份问卷，这份问卷现已提炼为本书前言中留给家长的问卷，用来帮助他们甄别自己的孩子是否高度敏感。

◆什么是高度敏感？\\\\\

高度敏感的个体天生比一般人更关注周围环境，做事习惯三思而后行。反之，一般人则不会注重太多细节，容易迅速采取行动甚至显得冲动。因此敏感的人群无论儿童还是成人，更富有同情心，更聪明、敏锐和富有创造力，他们小心谨慎，因为能思量行为的后果，所以较少犯错。他们在遇到"高音量"或繁多资讯时会变得不知所措。他们尽量避免外来刺激，因此显得胆小羞怯，不太合群。当过度刺激不可避免时，他们很容易显得沮丧和"过于敏感"。

高度敏感人群会注意更多细节，但不意味着他们的视力、听力、嗅觉和味蕾更发达——报告显示其中一些人的某项感觉的确会敏锐一些。他们的大脑处理信息更全面，这个过程也不仅限于大脑，高度敏感的人群，无论儿童还是成人都拥有更快的脊髓反应能力，他们更易受到痛感、药物和外界刺激的影响，他们拥有更活跃的免疫系统，但也更易有过敏反应。从某种意义上来说，他们的整个身心被"设计"得更具洞察世事和深刻理解外界的能力。

高度敏感者如何分橘子

小时候，父亲常常带我们全家去参观工厂，他会请那里的经理做我们的向导。因为高度敏感，钢铁厂和玻璃厂总会让我惊慌失措。那些地方总是太吵、太热、很吓人，我总是哭，对那样的活动充满了恐惧，我的非敏感家庭成员对此感到很不耐烦。但我很喜欢参观橘子工厂，我喜欢那些独创的发明：橘子通过抖动的传送带被送到大、中、小三个槽内。

现在我用童年的经历来形容敏感孩子的大脑：他们的大脑不是三个槽而是十五个槽，可以进行更好的分类，一切都运转得很好，除非一下子涌进太多"橘子"导致信息阻塞和停滞。

所以高度敏感的孩子不喜欢墨西哥餐厅里嘈杂的乐队，不喜欢喧闹的生日聚会，不喜欢速度太快的体育运动，不喜欢在课堂上回答问题时被大家盯着看。但如果你需要有人帮你为吉他调音，想一个有创意的聚会点子，要玩益智的文字游戏或国际象棋这类需要预判后果和关注细节的活动，高度敏感的朋友就成了最佳选择。

绝对敏感或者零敏感？

你的孩子是不是只有一点敏感呢？有些研究者认为，你如果不具高度敏感特质，你就是非高度敏感；有些人认为两者间会有一个灰色区域。

从某种意义上来说，他们的整个身心被"设计"得更具洞察世事和深刻理解外界的能力。

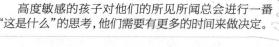
我的研究显示两者皆有可能——也就是说,有些高度敏感儿童会显得比其他人更敏感一些,很大程度上是因为敏感的表达方式会因周遭环境的影响而变化。如果确实有灰色区域的话,就像身高或体重,大部分的人都处于中间地带。但实际上,高度敏感人群的分布更像是一条水平线,落在两端的人数更多一些。

高度敏感儿童的内心

让我们更多探究一下高度敏感儿童的内心。他们关注更多细节,他们似乎有这样的天分。有些人特别注意社交细节,比如别人的情绪、表情或者关系;有些高度敏感儿童特别关注大自然的变化,比如温度的起伏、植物的特性,或具有和动物交流的特殊能力;有些能够表达非常细微的概念,具有幽默感和反讽力;还有一些人,当其他人正受环境变化的影响而焦躁不安时,他们仍然能在新环境中保持警醒。

高度敏感儿童对于观察到的事物会比普通孩子更多。他可能会沉思或者提问——为什么你这样做,为什么那个小孩要欺负别人——或者关注更大的社会问题。也有些敏感儿童尝试着去钻研数学和逻辑难题,或者总在担心"假如这样会发生什么",喜欢编故事,或想象家里的猫在想些什么。所有的孩子都会这样,但是高度敏感的孩子可能想得更多。

高度敏感的孩子对他们的所见所闻总会进行一番"这是什么"的思考,他们需要有更多的时间来做决定(你会发现要一个高度敏感的孩子迅速做出决定,比老驴拉磨还难)。而且,这样的信息处理过程对于他们而言是下意识的,他们只是靠直觉去感知你身上发生了什么,而直觉

第一章 敏感特质
更好地甄别『害羞』和『难搞』的孩子

就是未经分析仅凭感知获得的顿悟——敏感的人们通常直觉非常强。

这个信息处理的过程有可能非常迅速，他们会立即知道"有事发生了"或者"你换过我的床单了"，而其他的孩子可能不会注意到。这个过程也可能非常缓慢，这些孩子可能会思考上几个小时，然后发表惊人的见解。

因为吸收了更多的资讯，思考得更全面，高度敏感的孩子会有更强烈的情绪。不同环境下会有不同的反应。有时会是强烈的爱、敬畏或者喜悦，有时会是恐惧、愤怒或哀伤——所有的情绪都会比一般的孩子来得强烈。

因为这些强烈的情感和深刻的思考，大部分高度敏感儿童都极具同情心。他们对别人的痛苦感同身受，更早地去关注社会正义的话题。他们也是那些不能开口讲话的事物或人的最佳代言人——比如植物、动物、生命器官、婴儿和老年痴呆症患者。他们拥有更丰富的内心世界。他们也很小心谨慎，会为多种情况做出设想，更能理解你所说的"假如每个人都在这么做会怎样"。他们也很早就开始思考生命的意义。

当然，高度敏感的孩子并非圣人。尤其当他们有一些不好的经验时，他们比起一般人更容易害羞、恐惧或者沮丧。但是，如果有人给予温和的引导，他们会变得特别有创造力、更具合作精神和更加友善。不管他们做什么或不做什么，他们都很引人注目，尽管在普通的观念里，他们应该不成"问题"。

早在我确认自己的儿子是高度敏感儿童之前，我就发现他"与众不同"。他的感知力强、独具创造力、很有良知、在新的环境下小心谨慎、容易被同龄人伤害、不喜欢粗鲁混乱的活动或运动、情绪紧张。在某些方面，他很难教养；另一些方面，却又很好养，而且总是会引人注目，尽管他还是个孩子。因此，我将我的座右铭与你分享：你内心渴求一个独特的孩子，上天才会赐予你这样神奇的礼物。

容易受到过度刺激的问题

尽管我一直在肯定高度敏感儿童的优点，但是你之所以选择这本书是因为你需要帮助。大多数的人，包括家长，看得更多的是敏感特质的缺点。因为敏感儿童比一般的孩子更容易被细节困扰，在喧嚣和复杂多变的环境里更容易崩溃，比如在教室里或在家庭聚会中，尤其是长时间处于这种环境中时。他们的感觉是如此的敏锐，怎么可能不被困扰呢？但是，考虑到敏感的孩子毕竟占少数，大家总会觉得他们的反应和他们的应对方法很奇怪。因此别人的看法会导致你自己也怀疑：我的孩子是不是不正常？

高度敏感儿童有哪些应对过度刺激的方法呢？他们不会采取以下所有的应对方法，但是其中一些正是让你头痛的。敏感的孩子经常抱怨——太热了，太冷了，衣服让人发痒，食物太辣，房间里有异味——都是些别的孩子不会在意的问题。他们也许喜欢独自玩耍，或在一旁看别人玩，只选择熟悉的食物，喜欢待在同样的地方，他们可能会几分钟、几小时、几天甚至几个月不和大人讲话。他们可能会逃避"别的孩子都喜欢"的活动，如夏令营、踢足球、派对或者约会。

有些孩子会发脾气，有些则努力不惹麻烦，希望别人不要注意到他，不要对他有过高期待；有些人黏在电脑前面，或者从早到晚读书，在自己的小世界里寻求安全感；有些人则全力克服自己的弱点，追求成为明星般的人物或凡事力求完美。

受到过度刺激时，有些孩子会如坐针毡，看起来像是有注意力缺失症。一旦没有这种刺激，他们的注意力就很正常；有些孩子容易情绪崩溃，躺在地上尖叫哭闹；有些孩子遇到刺激时反而变得更安静；有些孩子会觉得胃疼或头疼；有些孩子觉得他们已经尽力了，索性就放弃了，他们变得恐惧、退缩和绝望。

其实所有的孩子都可能有这些行为，即使是非高度敏感的儿童也可能会受到过度刺激。但是，当孩子发脾气、情绪沮丧、烦躁不安、开始胃疼或者对自己过度要求的时候，大家很少想到真正的原因是"敏感"。我希望这本书可以对大家有所启发。

如果有这么多高度敏感的儿童，为什么我前所未闻？

一个人的性格 50% 取决于先天差异，另 50% 取决于个人的生活经验和环境。一些心理学家认为个人性格完全取决于其生活经验，尤其是原生家庭经验。当心理学家开始讨论性格气质时，很容易去描述外向型儿童的行为与情绪，但是无法描述坐在教室后面不开口的孩子。观察者很容易认为这些孩子害羞、胆怯、不善社交和性格压抑。其实，高度敏感才是准确的形容词。

没有孩子一出生就胆怯、懦弱、害羞、消极或不愿意接触别人。人类是社会性的动物，人类进化的过程不允许这种个性一代代地承袭下来。应该说敏感是一种基本特质，外在反应和表现则是敏感引起的副作用，或者是负面生活经验的结果，这些结果本身并不是遗传特征。

我们如何去描述这种特质很重要。通常情况下事物的标签可以指引我们如何去做，告诉我们即将面对什么，标签也会影响别人如何看待孩子，以及孩子如何看待自己。大部分的非高度敏感人群已经对敏感儿童有了成见，有时候，他们会有个人因素的投射，在敏感儿童身上看到自己不喜欢的特质，或者是自己想要摒弃的缺点，例如软弱。敏感儿童能够察觉到这一切。

◆你的孩子是不是高度敏感？ \\\\\

请先回答第 26 页至第 31 页的家长问卷。每个问题都是高度敏感儿

观察者很容易认为这些孩子害羞、胆怯、不善社交和性格压抑。其实，高度敏感才是准确的形容词。

童的特质。但不是每一个敏感儿童都具备所有特质。这些儿童就像成人一样，天性和后天环境各不相同。

父母往往能够立刻知道自己的孩子非常敏感，任何新生儿都会哭，但是敏感儿童可能会只因为环境的刺激太多就哭。敏感儿童也容易被家长的情绪影响，例如家长的焦虑。第六章会讨论到这种恶性循环。

有些高度敏感儿童并不常哭。他们的家长了解孩子非常敏感，会尽量保持环境安静，不过度刺激到孩子。高度敏感儿童很容易被辨别出来：眼睛总是跟随着每件事物，对每个声音和音质的变化都有反应，对衣服布料或者浴缸里的水温都有强烈感应。长大以后，他们注意到的会更多，比如你穿了一件新衣服，花菜沾到了意大利肉酱，爷爷把沙发换了个位置，他们会变得更容易受到刺激，因为他们的经历越来越多，吸收到更多的资讯，却还是不熟悉这一切，也不知道该如何降低资讯的吸收量。

为什么我的孩子高度敏感，别的孩子却不?

气质某种程度上是内在天生的，经由遗传物质决定，从出生时就存在了。其他动物也具有天生的内在气质，例如不同的狗的品种有不同的个性，有具攻击性的斗牛犬，保护弱小的牧羊犬或骄傲好动的贵宾犬。成长的环境对气质固然有影响，但你就是无法让斗牛犬变得像吉娃娃。这些个性的演进，都不能视为病态或者缺陷，这些都是正常的气质变化。

生物学家一直相信适者生存。演化会引导每个物种发展出完美的适应特征。大象就该有大象那个样子，鼻子该有多长，身体该有多大，外皮该有多厚，具备这些条件的大象才比较容易适应环境而生存下来。没有这些条件的大象就会被淘汰。其实大部分的物种都有敏感和不敏感这两种特质。其中一些会像你的孩子那样，高度敏感、注意细节，采取行动之前会一再地检查确认。其他的则勇敢向前冲，不会过多注意环境。

为什么会有这样的差异？想象两只鹿站在美丽的草原上，一只鹿会花很长时间确定周围没有什么凶猛的肉食动物，另一只鹿踌躇片刻就立刻冲出去吃草了。如果第一只鹿是正确的，第二只鹿就死定了。如果第二只鹿是正确的，那么第一只鹿就吃不到最好的草了，时间长了，第一只鹿会营养不良，生病死亡。所以，同时有这两种特质存在，不管发生什么，这两种鹿都会有存活下来的个体并继续繁衍。

果蝇研究也支持这种理论，有些果蝇的觅食基因让他们成为静态果蝇，有食物的时候就不出去觅食，其他的果蝇是动态果蝇，喜欢去很远的地方觅食。更有趣的是，静态果蝇有着更敏锐、更成熟的神经系统。

另一个动物的实验用的是南瓜子太阳鱼。科学家在池塘里放了许多诱饵，大部分的鱼都很"大胆"，结果是掉进陷阱。少数的鱼则很害羞，不肯进入陷阱。令人不解的是，研究者为何要用"大胆"和"害羞"这样的词语呢，为什么不用"愚笨"和"聪明"呢，或者应该用"不敏感"和"敏感"这样的词汇来描述？

◆高度敏感对人类物种有何贡献？＼＼＼＼

有些人思考后才会采取行动，这对人类绝对有益。他们会注意到可能的危险，其他人则是很快就冲出去解决问题。敏感的人会仔细考虑后果，会要求别人先想想，然后决定怎么做是最好的。显然，这两类人的合作是最有效率的。

从传统的角度看，敏感的人会成为科学家、咨询师、神学家、历史学家、律师、医生、护士、老师和艺术家。过去某段时期敏感的人会自然而然地成为小镇校长、牧师或者家庭医生。但是，渐渐地，非敏感人群进入决策阶层，他们天生不重视谨慎的策略，而是采用短期有效，看起来能成就辉煌的决策，忽视沉稳持久的品质，因为他们不需要工作环境非常安静，也不需要合理的工作时间，于是安静的工作环境和合理的工作时数渐渐消失了。敏感的人变得越来越无足轻重，越来越没有影响力，越来越痛苦，于是辞职。非敏感人士掌握的权力则越来越大，形成了恶性循环。

我这样说，只是分享我的观察，为什么各种职业都会变得越来越无法满足人们的需要？现代社会里如果决策者不思量事情的复杂性及其后果，如果敏感的人和不敏感的人无法达到权力平衡的话，人民就会不安，社会就会有危险。所以，我们都迫切希望看到敏感的孩子成长为有信心、举足轻重的社会成员。只有这样他们才能贡献自己的才华，才可能对社会有所影响。

你的孩子独一无二

现在，我们可能同意"敏感"才是正确的标签。那么，我们来讨论一下贴标签的问题。一旦有了标签，我们常常自认为很了解状况。事实上，我们的了解仍然很有限。

我对案例对象做采访时，惊讶地发现高度敏感儿童比成人更具有独特性。我不得不同意，孩子的确具有许多不同的特质，可是当今文化只鼓励其中某些特质，其他的特质不是被忽视，就是被压抑下来了，结果导致孩子成长为成人后独特性较少。

即使同是高度敏感的孩子，彼此对比也具有个体独特性。罗达有三个高度敏感的孩子，分别是二十二岁、二十岁和十六岁，他们从小就比其他儿童更敏感，常被说"反应过度"或者"太敏感了"。他们都比别人更需要安静独处的时间，也都喜欢通过艺术创作来表达强烈的感悟。

第一章 敏感特质

更好地甄别「害羞」和「难搞」的孩子

但是这三个孩子个性又完全不同！大女儿安是摄影师，喜欢体验新鲜事物、骑机车和跳伞。老二安德鲁保守、挑剔、难搞，他是一位视觉艺术家，作品细致谨慎，从小就对各种声音和味道非常敏感。虽然这三个孩子都非常情绪化，但是安和安德鲁不大表现出来，最小的蒂娜性格却很戏剧化，很爱表达。蒂娜小时候爱发脾气，进入青春期后变得非常忧郁。她靠写诗抒发情感，并会大声地念出来。

◆为什么高度敏感的孩子会如此不同？

形成个性特征的基因不止一个，每种基因都会有某种程度的影响。敏感的基因也可能不止一个。例如对细节、新事物、情绪、社交、生理上的敏感就可能由不同的基因控制。这些不同的敏感因素仍然有共同的地方，通常会一起遗传给后代。

我们有更多的事例，如果受到刺激，很多高度敏感的孩子会像蒂娜一样发脾气，但是三岁的爱丽丝却从没发过脾气。她个性强，有主见，想要什么总能以超乎年龄的成熟方式表达出来。

七岁的沃特讨厌体育运动，却热爱下西洋棋；九岁的兰德只玩棒球，而且在妈妈当教练时才肯玩；与沃特同龄的恰克则热爱和擅长各种运动：爬高和滑雪等，他对自己的运动能力了如指掌；恰克不喜欢课堂学习，但沃特和兰德成绩优异；凯瑟琳从幼儿园开始就一直跳级，玛利亚总是名列前茅，最终以荣誉学生的身份从哈佛大学毕业。

蒂娜很外向，恰克也很外向，广受姑娘欢迎；兰德的朋友不多，不喜欢去别人家串门，不喜欢关系不亲近的亲戚；他也讨厌陌生的食物和习惯。

这些不同的敏感因素仍然有共同的地方，通常会一起遗传给后代。

有一个孩子埃米利奥

七岁的埃米利奥个性特别，他喜欢与人相处，很容易结识新朋友。他什么都吃，什么都穿，什么都无所谓。但是他讨厌噪声，不喜欢聚会，需要很多安静的独处时间，从襁褓时期开始他似乎就知道如何减少外界刺激。

埃米利奥两个月大时就会在每天固定的时段大哭，看起来很不开心。父母给他买了个游戏床后他就又变得特别高兴。他寸步不离游戏床，吃饭、睡觉和玩耍都要在里面，如果妈妈把他抱出来他就大哭不已。再大一点，他会自己爬回去，他不喜欢探索新世界，只要游戏床。邻居和朋友都觉得他好可怜，建议他妈妈应该扔掉游戏床，鼓励他四处探奇，这些建议似乎也暗示着孩子哪里不对劲。

但是埃米利奥的妈妈不忍心那样做，因为他在游戏床里实在太快乐了。他们把游戏床放在客厅里，这样埃米利奥就不会错过家庭的日常生活了。对埃米利奥而言，游戏床不是监狱，而是他的至尊城堡。妈妈并不为此担心，她知道埃米利奥不可能到二十岁了还待在游戏床里吧？果然埃米利奥两岁半时果断地把游戏床让给了弟弟，因为他不希望自己看起来还像个小宝宝。

有时称职的父母更能关注和迁就孩子高度敏感的特质，青春期的瑞维特别容易察觉别人的情绪，他在公园里看见无家可归的流浪汉时会请母亲收留他，他的母亲接受了请求，让流浪汉住下来，直到瑞维意识到收留流浪汉可能引起的问题，并另谋解决方案——这个过程花了三个月。

八岁的米兰妮也特别能察觉别人的情绪，如果有人被欺负，她会跟着一起哭。她身体的痛感特别敏锐，很怕跌倒。一直等到三岁的妹妹学会骑自行车了，她才肯把自己的安全轮拆卸下来。

沃特对新事物很敏感。小时候第一次碰到草地的时候，他立刻被吓哭了。十三岁的莱利对声音、衣服和食物敏感。直到上小学前，他都只肯穿运动服。他受不了粗糙的牛仔裤，他也不喜欢新事物，不肯去参加夏令营或者度假。五岁的米奇对新环境敏感，很难适应新学校，他不喜欢生日派对，不肯在万圣节换装，不希望大家盯着他看。他说话非常慢，因为他喜欢想好了再说，跟小朋友们在一起的时候，他无法像别人那样说得那么快，反而有点结巴。他不喜欢食物混在一起，不喜欢毛袜子。于是他妈妈总会把衣服标签剪掉，免得他觉得脖子痒。

差异性的另一个源头——两个互相博弈的系统

另一种科学理论认为，高度敏感儿童的行为差异如此之大，可能是因为他们具有非常活跃的"行为抑制系统"（Behavioral Inhibition System）。每个人都有这个系统，高度敏感者的系统更加活跃。这个系统和负责思考的右脑有关，因此右脑电流活动频繁和血流量较多的孩子可能具有高度敏感的特质。

我宁愿根据其特性称为"三思后行"系统，这个系统的功能就是让人偶尔暂停，回顾和检查记忆中有没有类似经验，系统会起到暂时的抑制作用，在确认事情发展的结果不具威胁性后再继续。

对高度敏感的人而言，"三思后行"的作用很大，他们的大脑需要处理更多信息。回想之前提到的两只鹿吧，高度敏感的鹿会注意到气味、阴影、色调的差异以及被风吹起的动静——那可能不是风，而是潜伏的食肉动物。不敏感的鹿不会注意那么多，也没那么多信息需要处理，所以也不会显得犹疑。它看到一片丰美的草地后想也不想就会冲出去，我形容这个"行为启动系统"（Behavioral Activation System）

为"一往直前"系统——它让我们急切地想要探索、追求成功和世间美好的一切，它让我们向往新的体验，尝试新的事物，想要了解、学习和成长。

每个人都同时拥有这两个由不同基因控制的系统，有的人呈现出更强的抑制趋势，有的人呈现为更强的启动趋势，也有人两者都很强，或两者都很弱。安和恰克就是两者都很强，他们总在探索、尝试和向上攀登，同时，作为高度敏感者，他们也会谨慎行事，不冒无谓的风险，他们清楚自己的极限。敏感者之间的差异也基于两个系统不同的强度，第三章会详细讨论这一点。

现在变得越来越复杂了——更多的个性特质

除了以上因素之外，差异性也来自其他基因。研究天生气质的学者制作了许多不同的特质列表，其中最有名的是亚历山大·托马斯和史黛拉·切斯研究出的九项特质。让我们先从敏感者角度看看这些研究〔资料选自简·克里斯托的《气质观察》（*The Temperament Perspective*）〕：

1. 低感觉阈。低感觉阈就是高度敏感。但是只强调感官层面，不包括内在经验的处理，例如想象与记忆经验，以及相关情绪等。

2. 活动力或者能量值。活动力高的孩子对生命更热情。他们比较独立，用整个身心去接触一切。他们协调性较好，很早学会走路说话，喜欢学习，但是父母带起来很累。活动力不高的孩子很安静，很少躁动不安，擅长细节动作，做事慢慢吞吞。高度敏感的孩子活动量可大可小，其中具有高活动力的孩子更易融入世界。我更愿意用内在和外在的角度去考量活动力。有的孩子看起来很安静，其实脑子里比谁都忙。

3. 情绪反应的强度。情绪反应强的孩子会在情绪表达上消耗更多能量，他们的行为显得戏剧化，不用猜就知道他们的情绪如何。情绪反应不强的孩子则显得比较温和，即使不高兴也不会发脾气。大部分敏感的孩子都有强烈的情绪反应，也有部分孩子并不表达出来，而是转化为胃痛或焦虑。如不仔细观察，很难发现他们的情绪反应。

4. 生活的规律性。这类孩子的情绪很容易预测，你会知道他什么时候肚子饿，什么时候会犯困或要上厕所。他们喜欢固定的生活习惯，保持房间整洁，定时定量进食，及时完成功课。大部分敏感儿童作息都如此，但也可能非常缺乏规律。

5. 适应能力。适应力强的孩子会顺应自然，他们能够应对改变和转换，适合旅行。适应力弱的孩子需要知道接下来会发生什么，什么时候会发生，不喜欢突然改变。他们希望事情能在控制之中，比如突然对他说"该吃饭了！"，他也会磨来蹭去或大发脾气。大部分敏感儿童看起来好像适应能力差，实际上是他们面对的改变太大了，他们必须处理太多的信息，因而无法放轻松。同时，他们也能看到不改变的后果，因此会努力适应。令家长沮丧的是，这些孩子在外面往往做得很好，但是回到家一点小事就可以惹恼他们。这是因为他们已经耗尽能量去适应外面的世界了，所以在家里觉得安全，终于可以自由发泄了。

6. 初始反应。这个性格特质也可以用"接近"或"退缩"来代表。有的孩子会立刻接触新事物，而另一个孩子可能会拖拉很久才开始。大部分敏感儿童会先等一等，觉得足够安全了才会参与。

7. 持久力。有些孩子无论如何都不会放弃，喜欢完成使命。他们会一直练习，直到完全掌握。其他孩童只做一些就失去兴趣了，容易因为挫折而放弃。这和敏感是不同的特质，但是敏感对其有一定影响。例如，敏感的儿童处理事情很深入，因此也比较持久。但是强烈地想把事情做好的特质会让他们更易受到挫败，也更易激动，也就容易放弃。如

大部分敏感的孩子都有强烈的情绪反应，也有部分孩子并不表达出来，而是转化为胃痛或焦虑。

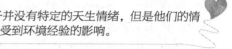

敏感的孩子并没有特定的天生情绪，但是他们的情绪的确比较容易受到环境经验的影响。

果有人需要他们去做别的事，他们会马上放弃手上在做的事情。

8. 容易分心。指孩子的注意力分散，从一个活动转到另一个活动的容易程度。这和低持久力有什么不同呢？如果有人走过，容易分心的孩子会抬头看。如果他持久力强，就会又低下头去看书，持久力比较弱的孩子会继续看路过的人。比较不容易分心的孩子根本不会抬头看。如果他刚好持久力也不强，可能很快就不看书了，但原因并不是路过的人让他分心。他会注意到各种事情，但是内在处理资讯的能力会让他专注。在安静的地方和没有烦恼时，他可以非常专注。

9. 主宰的情绪。有人认为，孩子们快乐、易怒或悲观都是天生的。许多咨询师却不这样想，他们觉得孩子的情绪深受环境和经验的影响。我的经验显示，敏感的孩子并没有特定的天生情绪，但是他们的情绪的确比较容易受到环境经验的影响。

消除误解

大家会给敏感的孩子贴上各种标签，很难让人不去理会。现在就让我们检视一下各种标签。

首先，你的孩子"难搞"？是的，敏感儿童绝对会被小小的不适、变化或奇怪的事情搞得很不自在。但是什么算是"小小的"呢？每个人的看法都不同。一个人认为的整洁、干净、舒服或者无臭无味的环境在另一个人眼里却可能又脏又乱，令人无法忍受。例如对你而言，粗面细面没有差别，但你的孩子可不一定。和高度敏感的儿童相处，必须尊重他眼中的现实世界，你可以不喜欢他的反应，但是你必须尊重他的感

第一章 敏感特质
更好地甄别「害羞」和「难搞」的孩子

觉，因为他本来就是与众不同的。第七章会谈到如何处理孩子的不舒适，这并非"难搞"。

其次，你的孩子并不是天生羞怯或胆小。他们的恐惧多半是后天习得的，如何才能分辨不良经验导致的恐惧和天生敏感呢？喜欢摸狗的人就会明白，害羞的狗和敏感的狗都会往后退缩，它们会先认真观察一下你，而不会立刻扑上前来。敏感的狗看起来很有警觉性，有好奇心，最后会过来研究你。下次再见面，它会记得你；害羞的狗却不同，它根本无法正视你。紧张、不专心、痛苦，可能一直不肯接近你，即使这次它让你靠近了，下次再见面，又要这样重复一遍。

当然，如果敏感孩子有过不好的经验，下次他们停下来思考时，只要无法说服自己一切很安全，他们就会真的害怕。但是如果我们把这些孩子视为怯懦的孩子，就会误解他们的本质，错过他们的优点了。看到皮肤很白的孩子时，我们不会说："看这个易得皮肤癌的孩子呀。"所以，为何要把注意力聚焦在高度敏感孩子的胆怯和恐惧上呢？重要的是，尊重并认可每种个性都有其原因，并更多关注哪种环境是可适应的，哪种又不是。

同样，高度敏感儿童并不是天生羞怯的。没有人天生对别人的批评或嫌弃会感到羞怯。"羞怯"一词被滥用了。不管是什么原因，比较容易退缩的人都被称为羞怯。用这种标签去衡量，很容易误解高度敏感的孩子。

我儿子和外甥第一天上幼儿园的时候我都在场。两个男孩相差十五岁，都是高度敏感儿童，都站在教室后面，被一大堆的小朋友、玩具和活动给震慑住了。我知道他们不是害怕，他们只是在观察。老师们都过来问他们是不是害羞或者害怕，下意识地给他们贴标签。

再次，内向的人不是"不喜欢人"。内向的人只是比较喜欢有三两知己，不喜欢和一大堆人或是陌生人相处而已。内向的人喜欢反思，外向的人善于行动，内向的人喜欢内在的主观经验，外向的人则喜欢经验本身。从这一点来说，敏感的人确实比较内向。

如果以是否善于社交的角度看的话，大约 70% 的敏感者都是内向的，其他则是外向的，而且，并不是所有内向的人都是高度敏感的人。内向与外向是天生遗传的吗？我们无从确定。重要的是你得知道自己的孩子喜欢怎样生活。

最后，你的孩子并不是"过度敏感"。医学专家喜欢把敏感当作疾病，好像高度敏感是无法筛选过滤信息的性格障碍。例如，机能治疗师会用"感觉整合治疗法"治疗敏感的孩子，仿佛敏感是可以治愈的。

"感觉整合治疗法"的问题包括平衡困难、动作笨拙或僵硬、缺乏整合。很多父母认为，只要肯花时间并假以时日，"感觉整合治疗法"可以改善敏感的特征，可是我根本不认为敏感是需要治疗的。高度敏感不是精神疾病。哈佛大学学者杰罗姆·卡根的研究显示，90% 高度敏感儿童长大后没有明显压抑或焦虑的症状。青少年研究显示，焦虑和童年的羞怯行为无关。我自己的研究也证明，具有正常童年生活的高度敏感儿童中，焦虑、忧郁和羞怯的比例并不太高，另外有两项研究显示，生活幸福的敏感儿童中，生病或受伤的比例比较低。由此可以推断他们的情绪也比较健康。

◈还不能确定孩子是不是高度敏感？ \\\\\

如果孩子只对一件事情敏感，或是只对一般儿童在意的事情敏感，那么他大概不是敏感儿童。例如，大部分半岁到一岁的婴儿会认生。两岁的婴儿会坚持己见。大部分孩子会害怕很大的声音或者害怕和父母分开。所有的孩子都会做噩梦。

如果在某个大的压力或者大的改变出现之前，孩子都没有呈现敏感反应，他应该不是高度敏感儿童。这些事件包括：弟弟妹妹的出生、搬家、父母离婚或换保姆。如果孩子的个性突然改变，如变得畏畏缩缩、拒绝进食、过度恐惧、一直和别人发生冲突、突然出现负面的自我形象、低落失望等，都应该立刻让专业人士检查。检查团队中应该包括儿童心理师、儿童精神科医生和小儿科医生。高度敏感儿童的个性气质从出生就开始了，不是突然改变的，而且并不见得都是负面的。

高度敏感儿童的行为会在正常范围内，他们学会说话、走路的时间和一般儿童类似，学会上厕所和不用奶嘴的年纪可能稍晚一点。他们对别人、对环境有反应，喜欢和熟人沟通。幼龄高度敏感儿童在学校里可能不愿开口，可是在家里或是和好朋友在一起的时候会喜欢讲话。

高度敏感和注意力缺失症的不同

大家总是喜欢问我高度敏感和注意力缺失症之间的关系。二者表面上有相似之处，有些高度敏感儿童可能会被误诊为注意力缺失症。事实上二者完全不同甚至还可能相反。大部分高度敏感儿童的右脑血流量较高，注意力缺失症儿童则是左脑血流量较高。

为什么这二者会被混为一谈呢？高度敏感儿童也容易分心，因为太注意细节了。但是，注意力缺失症是一种疾病，缺乏足够的执行能力，例如做决定的能力、专注力、预判后果的能力。只要环境够安静、够熟悉，高度敏感儿童的这些能力都很强。注意力缺失症儿童则不容易知道事情的轻重缓急，不容易把注意力抓回来。

必要的时候，高度敏感儿童可以不分心。这需要力气。这也是为什么高度敏感儿童常常被误认为注意力缺失的原因之一。当他们长期处于高度刺激的环境下，如果他们情绪已经激动起来了，他们就可能被外在刺激弄得分心，看起来多动或不专注。他们在学校可能挨上半天就累了，因为他们必须花更多力气去过滤多余的刺激。在高压环境里，例如

幼龄高度敏感儿童在学校里可能不愿开口，可是在家里或是和好朋友在一起的时候会喜欢讲话。

重要的考试中，如果他们害怕自己会表现不好，他们就可能受到过度刺激，比较容易分心。

高度敏感者和孤独症及阿斯伯格症不同

家长及医生往往很早就能看出孤独症及阿斯伯格症儿童的异常。孤独症婴儿不会微笑，不学大人的表情，眼睛不会跟随大人的指头移动，两三岁的时候，他们对别人没有兴趣，对别人的需要和感觉没有反应。他们缺乏沟通意愿，不参与需要想象的游戏。高度敏感儿童则完全不同，若非受到过度刺激，他们非常喜欢沟通。全球 20% 的人口为高度敏感者，1 万名儿童中却只有 2 ~ 4 个有孤独症，其中 3/4 是男生。

1/500 的儿童有阿斯伯格症，男女比例为 5：1。这些孩子往往有肌肉控制的问题，例如姿势奇特、动作和速度不协调、笨手笨脚、节奏感差、笔迹难以辨识等。高度敏感儿童紧张的时候可能会有些失调，平常却不会。阿斯伯格症儿童似乎愿意沟通，但是沟通技巧很差，因为他们显然天生就不会辨识如何倾听或者何时说话。他们无法区分暗示或者嘲讽，无法保守秘密，不了解面部表情。他们常常一直单调地叙述谁都没兴趣听的事情。高度敏感儿童则不会这样。

孤独症与阿斯伯格症儿童往往对感官刺激高度敏感，但是对社交信息并不敏感，高度敏感儿童则不一样，他们和一般儿童一样天生就喜欢沟通，有可能在子宫里就会对母亲做出反应了。

如果不确定孩子的问题，该怎么办？

如果不确定，就及早请专家团队鉴定。小儿科医生会强调生理症状或解决办法，精神科医生检查是否有精神异常的现象，心理咨询师教导新的行为模式，机能治疗师会强调感官动作的问题，语言治疗师会注意说话技巧，社工则会检视家庭、学校和社区环境的构成，这些专家形成的团队可以全面照顾各种问题。我认为，单靠药物是不足以改善儿童行为的，他们需要学习如何适应环境。

彻底评估需要好几个星期，家长、老师、保姆、其他专家都需要做报告。专家们会询问家族医疗史，观察孩子以及你和孩子的互动。最后他们会给你支持和鼓励。如果你觉得他们的意见听起来不对，就再找别的专家。除非非常必要，否则不要匆忙决定任何治疗。

请记得高度敏感儿童是正常的孩子，大部分的孩子是放松的，跟熟人在一起也可以很自在。他们能够倾听别人，表达自己。有压力的时候，他们可能暂时无法适应，但是他们也有情绪良好、友善、好奇和骄傲的时刻。

敏感孩子需要"治疗"吗？不，我们可以训练孩子适应环境，但是试图治疗、消除、隐藏某种特质只会引发更多问题。我们的社会中大龄男孩和成年男子总认为应该掩饰自己的敏感，却为此付出更大的代价。其实不同的气质不但让生命更有趣味，也可能是物种多样生存的希望。

◆帮助高度敏感儿童迈向成功与幸福

你还会担心孩子将来不会幸福和成功吗？不要担心。许多高度敏感的人告诉我，他们相信自己比其他人感受到更多也更深刻的快乐。很多高度敏感的人很成功，他们最终成为教授、法官、医生、科学家、作家、艺术家和音乐家。

亚里士多德曾说，顺应天赋做事的人最快乐。爱跳舞的人就跳舞，而不是去当厨子；爱园艺的人就精心照顾花园，而不要强迫去写诗。也许你的孩子对人间疾苦有更深刻的体会，这就是高度敏感者的天赋，他

其实不同的气质不但让生命更有趣味，也可能是物种多样生存的希望。

们洞察，即使难免会感到痛苦和失落，甚至付出生命的代价，但他们却合理地利用了自己的天赋。你只需协助他们面对高度洞察的结果，你的人生也会因此更深刻。

　　作为父母，养育高度敏感的儿童会是人生中最大的挑战和最快乐的任务。对于这样的孩子，你越关注他们的与众不同，越能得到更好地回馈，越能解决真正的问题。你越甘之如饴，你的孩子也越能从你身上吸收到快乐的源泉。

应用：欣赏你的孩子

请填写下列问卷：

（一）选择敏感的种类

□生理，阈值低。例如：

对衣料、袜子、衣服的标签敏感。

注意到细微的声音或气味。

□生理，复杂度。例如：

不喜欢人群或者拥挤嘈杂的地方。

不喜欢不同的食物混合或强烈的辛香料。

□生理，强度。例如：

对疼痛的反应比一般孩子要强。

容易受到噪声的干扰。

□情绪，阈值低。例如：

容易感应到别人的情绪。

善待动物、婴儿、身体、植物（不会说话的生物）。

□情绪，复杂度。例如：

对人有更深的理解。

做复杂而生动的梦。

□情绪，强度。例如：

容易哭。

对别人的痛苦感同身受。

□新奇感，阈值低。例如：

注意到房间里或别人衣物上的微小变化。

比较喜欢微小而渐进的变化。

□新奇感，复杂度。例如：

不喜欢发生什么事。

很不情愿有重大改变，比如搬家。

□新奇感，强度。例如：

不喜欢惊喜、被惊吓、突然的转变。

在新环境里会迟疑不决。

□社交新奇感，阈值低。例如：

对很久不见的人会认生。

注意到很久不见的人身上微小的变化。

□社交新奇感，复杂度。例如：

对越是不熟悉的人越提防。

不喜欢有陌生的一大群人。

□社交新奇感，强度。例如：

不喜欢受到陌生人的注意。

不喜欢一次认识很多陌生人。

不喜欢和陌生人讲话。

（二）根据托马斯和切斯的问卷，选择孩子的气质强度。

1. 活动力或能量：低中高

2. 情绪反应的强度：低中高

3. 生活的规律性：低中高

4. 适应力：低中高

5. 初始反应：低中高

6. 持久力（注意力的持久度）：低中高

7. 容易分心（遇到新的刺激就转移注意力）：低中高

（三）选择孩子其他的优势

□艺术能力

□科研能力

□益智游戏的技巧

□运动能力

□耐性

□同理心

□良知

□幽默感

□心灵与精神方面的兴趣

□智力

□善良

□关心社会议题

□其他——

（四）选择孩子的问题

□感觉整合困难，运动不佳

□害羞，害怕被排斥

□负面情绪或负面行为

□顽固

□粗鲁、自私、不体贴

□太乖

□不会闲聊

□花太多时间上网

□愤怒

□太吵闹

□过于具有攻击性，以至于别人不跟他玩

□过于被动，以至于别人不跟他玩

□学习进度迟缓

□学习障碍

□注意力缺失症

□其他——

提醒大家思考的角度：以上表现任何家长都会视为问题吗，还是只有你认为有问题？你是否能够想象别的家庭或许不这么认为。

（五）选择影响孩子生命中的重大事件，并写下你认为产生的影响。

□搬家

□离婚

□生病

□家人去世

应用
欣赏你的孩子

□好友去世（包括宠物）

□家人生病（生理或精神疾病）

□虐待（肢体虐待或性侵害）

□长期贫穷

□不寻常的成功，得奖，成就

□得到公众注意

□收获一位非常要好的朋友

□一位特别的人生导师（包括亲近的祖父母、老师……）

□印象深刻的旅行或经验

□课程（音乐、运动）

□长期固定的活动（足球、童子军……）

□不寻常的生活环境（大城市、贫民窟、乡下、农场……）

□宗教课

□文化资源（看戏剧演出、听音乐会、常常有科学家或者作家到家里做客）

（六）根据以上资料，用一两页文字描述你的孩子。

　　1. 从他的敏感开始写起，然后描述他的其他气质特征。

　　2. 列出他所有的优点。

　　3. 提出他所有的问题，加上你的意见。

　　4. 你对这些问题的影响力？会不会有人认为这些根本不是问题呢？

　　5. 描写孩子的生活经验如何影响了这些优点和问题。

6. 最后检视孩子的敏感如何影响了他的优点。

7. 孩子的敏感如何影响了他的问题。

8. 孩子的敏感如何帮助他克服他的问题？

9. 孩子的敏感如何和他的人生重大事件相互影响？

10. 现在回头阅读，你学到了什么？你以后会如何看待你的孩子？

　　留着这份记录，或许有一天可以和孩子的老师、保姆、医生或家人分享。

第二章

系好安全带

特别的孩子引发特别的挑战

本章将讨论有技巧的父母可以更胜任养育敏感的孩子，以及和普通孩子的父母相比，他们的制胜法宝是什么。在总结出六大挑战及应对方法之余，我们也会探讨养育敏感孩子的个中趣味。

哈佛大学的玛利亚

上一章中我提到了玛利亚，作为典型的高度敏感儿童，她拥有优异的成长经历，最终获得了哈佛大学拉丁文学位。但如果没有其父母的养育技巧，这一切是不可能发生的。

玛利亚的父母成长环境并不优越，她的母亲艾斯特尔从童年就过得很艰辛。她也是敏感儿童，因为和其他兄弟姐妹不同，艾斯特尔一直扮演家庭里的替罪羊角色。她说，至少因此我了解了什么会让敏感的孩子受到伤害。

玛利亚出生的时候，艾斯特尔和丈夫收入低于贫困户标准，双方家族都没有伸出援手，反而总有些家族成员爱管闲事，行为

方式也不太对劲,所以她有意让孩子远离这种氛围。她的直觉是正确的——后来她的祖父因为性侵儿童而被捕。

艾斯特尔说,玛利亚出生两个星期后我就知道她是敏感儿童,我在房间里走动,她的眼睛会一直跟随我。当艾斯特尔确认玛利亚和自己一样敏感,她决定辞职,回到家里专职带孩子。她努力学习各种养育技巧,并加以调整,来适应女儿特别的个性。为了让玛利亚感觉更舒适,她精心剪掉婴儿服的标签;艾斯特尔个人也喜欢简单的食物,所以吃的方式上也很好引导——她从不逼迫玛利亚尝试新的事物,除非有十足的把握玛利亚不会遇到困难。大部分的时候,玛利亚都有权选择拒绝。在她上小学时,班上放映一部屠杀动物的影片让她很难过,看到一半她就走出教室,老师对此非常不高兴。但艾斯特尔对女儿说,她没有错,她不需要看任何让自己不舒服的东西。这件事情以及后来发生的林林总总,促使艾斯特尔把女儿转到一所私立学校。自那以后,玛利亚的表现就一直很好。

艾斯特尔一向重视玛利亚的自我形象。念高中时,玛利亚一直在长高,很快她的身高就超过180cm,这让她更加与众不同。玛利亚有点害羞,但健康的自我形象及敏感度也使她在同学中脱颖而出,逐渐成为领军人物。从幼儿园起,其他孩子就会听她的话,接受她的主意。她有些怕生,却喜欢和小朋友们玩,交友没有明显的问题。她的朋友比一般孩子少,但因为她更敏感、更体贴,和朋友们也处得更好。

　　现在玛利亚已成年，日子过得并不轻松。如果可以选择，她希望没这么敏感或长这么高。她27岁了，没有男朋友，从哈佛大学毕业后她搬过几次家，一直在寻找足够安静的环境。她事业成功，经常旅行，她身体健康，对未来也很有信心。

◆家长更能影响敏感的孩子

　　每过一些时间，学界就会有人主张高度敏感特质来自遗传，父母的教育不会起什么作用。另外，有些人过度强调教育对个性养成的影响，从而忽略了天生气质的重要。显然我们真正需要的是两种观点的平衡。

　　教育对个性的影响显而易见，尤其对高度敏感的孩子而言。在一项实验中，如果把小猴随机配给母猴，敏感的小猴如果遇到冷静的母亲，长大后它也比较坚强，甚至成为猴王。反之，一只情绪紧张的母猴养大的猴子不仅长得没那么好，而且在成年被迫离开母亲时，这只猴子受到的创伤也比较大。

　　大多数孩子成长过程中不会和母亲完全分开，但可能被暂时送到保姆处。研究显示，将9个月大的婴儿托给保姆，如果保姆很关注孩子，一直陪他玩耍，那婴儿和母亲分开时也不会哭闹；如果保姆对婴儿漠不关心，孩子就会在交接时哭闹，敏感的孩子哭闹得也更厉害。

　　另一研究显示，18个月的高度敏感婴儿若对母亲的连接关系缺乏安全感（第六章有专述），他在新环境中会感到不安，安全感强的高度敏感婴儿则不大受影响。至于不敏感的儿童，无论安全感是否足够也不会受到环境影响。

综上所述，"负责的、体贴的父母会让婴儿拥有安全感，即使孩子天生敏感，即使他将所有新经验视为威胁，也多少能减低其生理上的压力反应"。当敏感的婴儿和母亲分开，无论环境如何，只要有保姆温暖的关心，这种母子分离也不会成为问题。所以，和母亲的联系和安全感的建立显得尤为重要，是否被好好照顾则会强烈影响到他们的心情和行为——敏感的特质让他们拥有更强烈的危险感应能力，也对母亲的爱和保姆的关心提出更高要求。

◆契合度——每个孩子都有不同的家庭 \\\\

不同的家庭对孩子的个性影响不同，有的视客观环境而定，有的视父母的养育方法而定。有时，同样的养育方法遭遇不同个性的孩子，结果也会迥然不同。

如果你有多个孩子，这些孩子也会呈现出不同的差别：有的受益于你的养育，有的则不然。研究显示，父母对敏感特质的理解和养育技巧的提高也可以改善其对孩子的影响。父母和孩子不必拥有同样的气质，只要用心配合就够了。而"契合度"指的就是家庭和学校都能支持和鼓励孩子自然的行为。

有的家庭会认为自己的孩子个性安静、喜欢画画、不喜欢运动，但他依然很完美，换成别的家庭，这样的孩子则可能令家长失望。其实只要父母勇于接受孩子的先天个性，你就容易找到和孩子友好相处、互相配合的好模式。当家长改变固有思维，找到适应孩子的养育方法，他越

父母对敏感特质的理解和养育技巧的提高也可以改善其对孩子的影响。父母和孩子不必拥有同样的气质，只要用心配合就够了。

容易了解孩子真正的需要，孩子的问题也会越少。

本书所强调的正是创造一个适合孩子成长的家庭教育环境有多重要，它可以帮你省下许多麻烦。高度敏感的孩子具有很多共通性，也让我们从这个方面入手——首先你的孩子极为敏感，你只有了解这一点，才能量体裁衣，为他创造适宜的教育环境。

比格尔小猎犬和博德牧羊犬

第一章我提到过，狗有许多品种，有人适合养这种狗，却不适合养那种狗。遇到个性不和的狗，主人可以通过学习犬种的习性，适应它的特质，养育孩子也是一样的道理。

我父母在我小时候曾送我一只比格尔小猎犬，名叫星星。星星个子不大，鼻子很灵，喜欢四处探险。只要被气味吸引，它完全不会听主人的招呼，它也只有鼻子敏感，其他部位都不灵。星星1岁时，妈妈和我带它去驯犬营训练，然后参加狗狗秀，在秀场，星星被链子牵着时很乖，一旦取掉链子，它就到处乱跑，循着气味追逐别的狗狗；后来我们也训练过卷毛小狗——它们个性温驯，却上不得台面，临场发挥糟糕，不停地哆嗦。

结婚以后，我想养一只不一样的狗。我很喜欢黑白相间的牧羊犬，所以买了一只，取名萨姆。萨姆简直就会读心术。它第一次在屋子里乱尿尿时，我把它牵到室外去了，它马上理解了我的意思，从此再也没有犯过同样的错误。就算在长牙喜欢乱啃东西时，它也只咬破过一本书。萨姆9个月的时候，我给它戴上颈链，开始训练它。只要在它背上拍一巴掌，用力扯颈链把它的头拉高，同时说，坐下！它就会瘫倒在地，假装发抖；我把它拉起来，重复同样的动作，它趴得更低，抖得更厉害，它看着我，好像在问：为什么，我做错了什么？

第二天，我又试了一次。这次我发现只要对它施加一点点压力，说几句鼓励的话就够了。它只需要了解我的需要是什么，就能做得到。此后它学会了坐下、停住、跟随、等待、到角落休息、等一下回这里见面、去把东西拿来、携带、赶奶牛、把小狗们集中起来、不要让小孩子跑出院子等指令。再后来萨姆比我更知道我要做什么，比如晚上，我和先生在树林里走散了，萨姆自动去把他引过来。萨姆非常敏感，它知道我们的需要，也乐意照顾我们。我从未带它参加过狗狗秀，我不忍利用它的好脾气让它在公众面前表演。

对我童年的狗狗星星而言，只要找到适宜的、驯服它的方法就好了，可对萨姆，我必须更体贴。如果动物或孩子能读懂你的心，更易被你吓到的话，你就应该更体贴。

无知导致遗憾

萨姆刚来的时候，我以为自己很会驯狗，家里有一个专门的陈列架用于展示我驯狗的成就——各种狗狗秀的奖杯和奖品。但萨姆让我学会了谦卑，也让我自责。我很难过自己为什么要给它那么多压力，也不懂为什么在它面前，以往的驯狗方法通通失效。我曾感到沮丧，也为它那么容易害怕而生气，我一心想了解它的行为为什么那么奇怪，最终我放弃了训练它。

> 刚开始你踌躇满志，自以为知道一切，然而在实际过程中，是孩子让你变得更谦虚、更懂得寻找适宜的方法。

养育高度敏感的孩子时，如果缺乏技巧，也会有同样的结果。刚开始你踌躇满志，自以为知道一切，然而在实际过程中，是孩子让你变得更谦虚、更懂得寻找适宜的方法。在我听过的故事里，有的家长因为孩子的痛苦而自责，有的家长为孩子在公共场合无来由的害羞、吵闹、哭泣和恐惧等行为感到丢脸……他们不明就里，愈发沮丧，有的失眠，有的感到愤怒和孤立无援，认为自己不胜任父母这个角色；有的家长身心疲惫，感到被围困、被拖累，这种负面情绪既影响婚姻和谐和身体健康，也影响家里其他孩子，导致一些遗憾的事情发生。

◆敏感的孩子需要情绪出口

同样是敏感儿童，有些孩子比其他孩子的养育难度更高。他们是"小皇帝"和"小公主"一样的存在，行为比较戏剧化，总希望大人捧着、伺候着。究其原因，和他们先天特质有一定关系：他们的意志力、情绪的弹性和强度有所不同，他们也模仿身边的对象和生活环境。

如果父母善于接受孩子的天性，辅以更细心的照顾，也许你也会发现孩子小时候是比较难带的，因为他们习惯在你面前自由表达情感，生气、兴奋、挫折或害怕都毫不掩饰；但如果父母技巧欠佳或自顾不暇，也不习惯强烈的情绪表达，那孩子会渐渐学会隐藏自己的情绪，避免惹上麻烦。这并不意味着问题就解决了，反而是让他们失去了学习处理情绪的机会，有可能变得压抑，成年后他们会寻求别的情绪出口，问题可能变得更难办。因此，每当有人向我夸赞自己家敏感的孩子"从不惹麻

第二章 系好安全带　特别的孩子引发特别的挑战

烦"时，我都会有点担心。

恶性循环

有些家长试了又试，孩子还是不快乐，他们习惯退缩，也不够"正常"。我经常看到这样的恶性循环模式：父母为孩子的表现忧心忡忡，所以努力让他们达到自己的期待；孩子一直达不到这种期待，父母更担心，所以要求孩子更努力……最后，父母和孩子都有挫败感。

不敏感的父母很容易陷入这种模式，我们将在下一章详细讨论。即使是敏感的家长，也常常不知道如何处理，只暗暗希望孩子不要那么敏感和麻烦。

要解决这个恶性循环，首先要了解孩子与众不同的行为不是你的错，也不是他们自己的错，并非他们故意让事情变得这么麻烦的，需要做的是双方共同努力寻求方法。

◆敏感儿童的六件事＼＼＼＼

现在让我们来看敏感儿童的六大特质。这些特质无所谓对错，但是如果你缺乏养育技巧，可能会造成一些困扰：

一、关于细节

有时候关注细节的孩子非常讨人喜欢：他跟随你每一个爱的眼神并实时回应，他也会比你更早注意到弟弟饿了。但是有时这种特质也让人受不了，他特别注意自己不喜欢的细枝末节："这个苹果上还有一点皮，你明明知道我讨厌吃苹果皮的嘛！""房间里有异味。""你是不是动过我的电脑？""我喜欢这种口味，但不喜欢这个牌子，这个牌子的东西吃起来就像粉笔一样。"等等，点点滴滴他从不放过，也不吝言语表述。

米歇尔的妈妈终于"不和自己过不去了"

米歇尔的妈妈莎伦不了解自己和儿子都是高度敏感人群。莎伦父母的教育方式比较粗暴，他们的个性也不敏感，莎伦在成长中不由自主地去迎合家庭环境。但在对待米歇尔这个问题上她却很敏感。莎伦喜欢唱歌，但她注意到宝宝不爱听她哼歌。米歇尔长大一点后也不爱唱歌，万圣节时他不肯打扮，到了4岁还离不开奶嘴。莎伦对儿子感到失望，她说，米歇尔从不带头去做什么，他总是跟随别人，亦步亦趋，也从没有当过孩子王。

后来莎伦去米歇尔的学校听了一次关于敏感课题的讲座。她说："我突然明白了这一切。"她后悔没早点听到这样的忠告：不要跟自己过不去，也不要怀疑自己的教育能力。"我心里知道该怎么做，但是做不到。我一直在自责，家里人也认为是我没把孩子教育好。现在不一样了。我让自己去配合孩子的行为，我让他告诉我他需要什么。""然后我发现米歇尔有好多优点——他很甜蜜、很温柔。如果他不想在家族聚会时站出来表演，没关系。我不再感到丢脸，我会坦然地告诉别人说：'不，他不想做。'这样说感觉真好。"

另一种极端是，有些敏感儿童从不关注细节。他们沉浸在自己的世界里，什么都注意不到。即使他们讨厌过度刺激，如强光、噪声或重口味的食物，也不意味着他们会关注细节。

还有一些敏感儿童是只关注某方面的细节，如食物或衣服、社交场合等。

如何应对孩子的这种特质？这里有一些处理原则：

第一，相信你的孩子。

如果孩子抱怨痛、痒、麻，请相信他，即使你自己不觉得。

第二，要让年纪小的孩子吃得饱、睡得足。

只有这样，他们才不容易生气，也比较有耐心等待你解决其他问题。

第三，认同他的不适感，告诉他这种不适感将何时结束。

这个方法适合孩子年纪稍大、有一定理解力的阶段。如果你无法消除这种不适感，就实话实说。一开始诚恳地表达对孩子的尊重，同情他的需要，也表明自己无法解决问题的原因，那样孩子也会逐渐养成了解和等待的能力。比如父母也要习惯坦白地告知"你到了汽车里才有干净衣服可以换"，"你需要吃完这个牌子的食物后才可以换新的，否则是浪费粮食"等。

第四，要有所节制。

有些孩子抱怨鞋带绑得不舒服，可就算你为他重绑无数次，他也一样抱怨不停。这表明他的注意力可能过度集中在这件事上了。那你可以找个别的时间来讨论这个话题，答应他下次你会按照他的要求重绑 5 次，超过 5 次就不重绑了，因为你也会为这件事沮丧，或时间不容许这样反复。

第五，表达你对保持礼仪和维护公共行为的态度。

但也请记得，有时孩子的情绪没有道理可言，他会不顾场合，也无法控制。如果孩子为了一点小事失控，尽量解决眼前的问题。确实解决不了，那就抱着他，设身处地地理解他的处境，表现出你的同情心。

　　一开始诚恳地表达对孩子的尊重，同情他的需要，也表明自己无法解决问题的原因，那样孩子也会逐渐养成了解和等待的能力。

第二天，等他情绪平复了再一起讨论恰当的礼仪是什么样的，下一次遇到这样的问题他就可以做得好一些。

最后，可能的话，让孩子自己做决定。

如果你的孩子对穿什么样的袜子很挑剔，那就让他自己选择好了，做父母的不要强求。

二、如何应对过度刺激

敏感的孩子容易受到过度刺激，情绪上也容易受不了。这些刺激可能是外来的，也可能是其内心的想象。

刺激越多，人的身体会越紧张。但是，动物和人类都需要适度刺激，这种外在的作用类似呼吸必不可少，太少会感觉无聊，精力会无以释放。但如果无法控制外界刺激，我们就会表现不佳——无论是打球、做数学题或和别人对话都是如此。敏感儿童比一般人更易受到刺激，列举玩球的例子：他和你玩的时候可能很会接球，上场比赛却发挥不好。于是他变得讨厌这项运动，比赛时会哭，内心里又渴望继续。然后就会纠结于怎么办的问题，是要继续呢，还是要放弃？

对这个问题，父母要了解，在某些方面你的孩子会因为过度刺激而表现不佳，通常以有过失败教训的活动，或是他们自认为会失败的活动为主。下次再尝试时，他们就更加焦虑，也会受到更多刺激，给自己更多压力，表现变得更差。上台表演也是同样的道理，他们渴望上台，但舞台上的光线和台下观众也容易变成让他们受到过度刺激的因素。

虽然过度刺激不好，但是拥有容易受到刺激的神经却是件好事。比如敏感儿童不容易感到无聊，一点点小刺激就能促使他们去关心他人且尽心尽力。

大部分敏感者在某个特定领域已经熟练到特别自在的程度，所以就算面临强大压力或在过度刺激下，他们仍能表现优良。

如何应对过度刺激，父母可以通过有技巧的引导和沟通，趋利避害，甚至因势利导。

其一，培养孩子拥有某种能力，让他更自信。

运动、艺术、学业、魔术、讲笑话、和成人对话、带领同龄人玩想象的游戏……只要找到一项他有兴趣的事情，慢慢开始，确定每一次尝试都是成功的经验。我的儿子喜欢戏剧和写作，在他8岁时，我建议他去上表演课。我和老师私下沟通，请老师经常夸奖和鼓励他。第一节下课，他两眼发亮地走出教室告诉我，"老师说我是天生的演员！"，之后他从不缺课。他每次写作文，我一定要求他修改并誊写好再交上去。老师给出的高分和赞美让他的学习兴致更加高涨。

其二，让孩子事前练习、掌握技巧，不因紧张出错。

如果是打球，那就虚拟实况来练习，到球场再实地练习；如果是准备考试，就给孩子做限制时间的模拟考试——打有准备之仗，而非让他毫无准备地上"战场"。

其三，共同讨论可能出错的地方，以及后续如何处理。

同样是打球，如果提前讨论可能出现错误的地方，了解并解决这些错误可能会更好。打棒球时每个球员都会碰到的问题：假设球赛到了第九局，双方平手，你的孩子被三振出局，孩子应该如何应对？父母可以事前和孩子讨论一下，真正发生这种情况该如何调整心态，该如何面对队友。

其四，解释过度刺激对行为表现的影响。

你可以解释给他听，他有能力，但是可能会因为各种因素如噪声、新环境、观众等造成情绪紧张。可以引用优秀运动员的例子来说明，想要成为真正的好球员，必须调整心态，需要在压力下依然发挥良好。

比如敏感儿童不容易感到无聊，一点点小刺激就能促使他们去关心他人，尽心尽力。

其五，让孩子参加不受压力影响的竞争活动。

如果你的孩子的确不适应高压下的活动，可以另辟蹊径，让他参加轻松一点的活动，如参加美术比赛、宠物选美比赛、长跑或爬山等。

最后，让孩子参加不需竞争的活动。

敏感的孩子不一定要参与激烈竞争，找到适合的非竞争类活动会让他更乐在其中。比如和你一起在汽车里唱歌，在家人面前表演话剧等。孩子不必非参加儿童合唱团或话剧团不可，除非他真正具有某种天赋，你可以鼓励他继续钻研——享受艺术的过程远比获得专业能力更重要。

三、深刻的内在反应

一旦熟悉环境，刺激最终会消失，但是在最开始的时候，刺激可能越来越强烈。敏感儿童不但能更彻底地处理资讯，对于这些资讯的反应也更强烈。情绪越强，越会想象后果，就越受影响，这意味着他可能有更多快乐、喜悦、满足、幸福和极乐，反之，外在刺激对敏感的孩子也意味着更多的痛苦。

这些反应从婴儿期就开始了。长大一些后，孩子能够用语言表达情感，但是不一定能够意识到自己的情感——我们会自然而然地压抑不合时宜的感觉。这些被抑制的感觉会以生理现象或是错位的情绪表达出来。典型例子有，孩子看起来很高兴家里添了新弟弟或妹妹，同时也突然表现得害怕自己被狗吃掉，或者是害怕上厕所。父母可以让孩子借由游戏来表达自己。例如，假装让一只大狗吃掉小狗，然后坦诚地讨论这种可能性，进而探究他真正的情绪，包括愤怒。接着讨论家里有新弟弟妹妹时，变成哥哥或姐姐的会有什么情绪，让孩子明白有些情绪只是说说而已。有这些情绪和想象是正常的事情，不用过度紧张，因为即使不是负面情绪，敏感儿童也不会轻易让外界看到他们内在的波涛汹涌，因为 70% 的敏感儿童属于内向的孩子，他们喜欢把心事放在心里。

高度敏感儿童无法容忍不公平的事情、冲突或受苦。例如，他们可能对雨林流失、种族不平等、虐待动物感到深刻的哀伤。他们通常会事先看到恶劣的后果。他们看到别的孩子被欺负时会特别受不了，父母吵架时他们会吃不下饭。所有的孩子都会有类似的反应，只是敏感的孩子的反应会更强。

有些高度敏感的儿童可以成长为强有力的自我情绪管理者，这取决于他们的家庭和拥有的文化教养。通常情况下父母不需要去教敏感儿童管理情绪，他们心中自有答案。例如，家长如果害怕自己或孩子的情绪太强，就会避免表达情绪，孩子也会从父母身上学到：情绪最好不要表达出来。

以下是关于情绪处理的一般性的建议：

第一，你如何处理情绪，以及你希望孩子如何处理情绪。

哀伤、恐惧、爱、快乐、愤怒和兴奋……在你的成长过程中，有哪一种情绪会被父母禁止？你是否在以同样的方式限制自己的孩子呢？

第二，从情商（EQ）类书籍中学习。

多读情商类书籍，可以让你胜任孩子的情绪管理。比如先倾听他的情绪，不要急着去管教其行为，而是找到可以安慰孩子情绪的方法，通过明晰其情绪脉络，帮助孩子体察自己的感受。

第三，和孩子正面讨论。

有些孩子特别渴求谈论自己的情绪并了解其由来，只有这样他们才能控制内在的心理风暴，父母可以和孩子正面讨论这些问题，并谈谈自己处理类似问题的经验。

第四，努力包容孩子的负面情绪。

包容孩子的负面情绪，直到他可以自己处理。最理想的方式是找个安静的地方，让孩子尽情表达，而父母需要保持情绪平稳、不防卫。"跟我多说一点吧，还有呢？"父母拥有这样的态度，孩子才有机会完整表达，才可能让你了解到底发生了什么。同时也让孩子完整地感受内在情感，不用一个人独自承受，因为父母是在场的，父母一直陪他一起承受，直到有一天他可以独自面对。

第五，观照并配合孩子的正面情绪。

父母不仅要观照并尊重孩子的负面情绪，更要尊重孩子的正面情绪。千万不要摧毁孩子的快乐，避免说出类似于"你的心情既然这么好，怎么不去好好收拾房间"之类的话。

第六，过度刺激会导致正面情绪饱和。

无论是负面情绪，还是正面情绪，都不能经受过度刺激。适度的好情绪可以帮助孩子睡眠，多了则过犹不及。父母应适时帮助孩子刹车，要记得说"先好好睡一觉再说吧"。

第七，孩子情绪过度，父母应寻求专家帮助。

孩子如果一直处于情绪过度之中，既无法解决，也停不下来的话，父母应积极寻求专家的帮助。这些情绪包括过度忧郁、沮丧、焦虑、愤怒以及快乐到失眠等。不一定非要带孩子面对专家，父母可以单独和专家谈谈，去了解这些情绪的背后原因，而非直接带去就医，甚至服药。

四、觉察别人的情绪

人类是社会性的动物，如果能够关注细节又有强烈的情绪，那么，你也容易了解别人的情感，这会让你充满同理心，拥有强烈直觉，具有领导能力并懂得如何培养亲密的关系。

这种觉察力从婴儿时期就已经开始了。所有婴儿都会觉察照顾人的情绪，他们正是靠这样的能力生存。敏感儿童的觉察力更强。统计显示，40%的父母童年时缺乏安全感，作为这样的父母，你首先要学会如何带给孩子安全感。

对于稍大一点的敏感儿童，最大的特点之一是即使别人还不知道，他们就已经觉察到别人的情绪。人们常常为了保持社交礼貌而否认自己害怕或愤怒的情绪以避免尴尬，有时他根本没有觉察到自己在否认。"我没有生气啊""我一点都不害怕"。但是敏感儿童会觉察到细微的讯息，甚至对方身体释放出来的气味。这时候，孩子不仅要假装不知道，还要听对方发出与事实相反的声明。我认识的一位女士说，小时候她曾多次意识到和好朋友之间存在嫉妒和竞争，但她的朋友都否认了，直到成年后才承认。在她承认之前，这位女士一直以为自己想多了，这一切可能只是自己的假想。

如果父母能诚实面对自己的情绪，对孩子也会有很大的帮助。同样地，父母要避免跟孩子说："不用担心别人怎么想，别人根本就不会注意你。"对于敏感儿童来说，这些话缺乏说服力，因为他自己就会注意到别人的每件事情，而且他也会注意到人们的确在不知不觉中互相比较。如果孩子充满信心，他会假设大家在以欣赏或接受的态度关注他，这样会比较释怀。

关于同理心，如果敏感儿童受到过度刺激，可能会暂时无法注意到别人的需要。如果你的孩子总是对别人不敏感，或是不亲近，就不是过度刺激的问题了，你也要考虑其他的可能性。

觉察力高的敏感儿童可能为了避免别人或自己的情绪受刺激，会常把别人的利益摆在自己的利益之前——这通常是不自觉的行为，当然也不是每个孩子都这样。有些孩子也很可能表现积极，勇于发言，要求很

统计显示，40%的父母童年时缺乏安全感，作为这样的父母，你首先要学会如何带给孩子安全感。

多。如果你的孩子总是退缩，他可能会觉得退缩比较简单，这样可以避免别人的愤怒和批评。父母该如何把这种觉察力转换成孩子的精神资产呢？以下是一般原则：

第一，父母要了解自己是如何觉察别人的。

如果父母无法理解别人的处境，或对别人的感觉无动于衷，那你的孩子就会无法和你分享他的感觉，而且会慢慢不尊重你。如果你否认自己会担心别人的眼光，你的孩子也会觉得自己有所不足，或是像你一样虽然担心，却矢口否认。因此，父母应该好好想想，并与孩子分享你是如何解决这些问题的。例如，某个大灾难发生时，孩子可能希望了解为什么会有这种事情发生，人们为什么会受苦？作为孩子应该可以做些什么？作为父母，你必须做好心理准备和孩子一起面对关于人类和世界的各种问题。

第二，教导孩子可以做什么。

父母可以和孩子坐下来讨论全家应该以哪种方式回馈社会，单纯地替别人难过于事无补，我们必须学会"尽人事，听天命"，采取必要的慈善行动。同时，也让孩子知道，我们所做的事情总会有人赞同，也有人批评。既然如此，还不如做自己想做的事情，不管他人评说，因为我们不可能让所有人都满意。

第三，检视你平衡各方要求的能力。

作为父母，你不仅被他人需求，同样也有自我需求。学会说"不"，勇于表达自我，不在意别人的批评——当你拥有这样的平衡能力，你的孩子则在模仿你的能力。

第四，教会孩子说"不"。

如果你的孩子总会无原则帮助别人，或努力取悦他人，并因此疲惫不堪，那对谁也没有好处。你需要教导孩子，让他明白自己有权说"不"，有权力拒绝和不理会别人的无理要求。面对世界，我们只能尽力，但无法照顾到所有的人，这不是我们的问题，尤其不能因此夜不能寐。

第五，避免过多地和孩子分享自己的烦恼和评判结果。

敏感的儿童可以成为你很好的朋友、知己，甚至是心理咨询师，尤其对孤助无援的单亲家长而言。但是再有智慧的孩子，也无法承担成人的压力，他还在学习面对复杂的世界，更需要从父母身上获得力量，而非被攫取。与此同时，父母在孩子面前表露太多对别人的批评意见，孩子也容易受到影响，变得负面。

第六，让孩子自由察觉自我需要和喜好。

即使你的孩子学得很慢，或是你已知道他会做怎样的决定，还是要先问他的意见："你要吃饼干还是面包？""你想去拜访同学还是想约他们来我们家？"如果他的需要和其他需要发生冲突，如果他的选择让一些人感到不快，如果有人说他的选择很愚蠢，请你及时告诉孩子，他可以考虑别人的意见，前提是对方是出自好意，而且听起来有道理；你更应强调的是，孩子完全有权利听从自我的需要和意见，有权利从自己的经验中学习。

第七，让家庭成员有机会表达心声，并尽力获得同等尊重。

在家庭里，每个人都应设身处地地为别人和大局考虑，而非特殊优待某一个家庭成员。在我的研究中，有个拥有两个敏感孩子的母亲的方法是让孩子们轮流做主。轮到姐姐詹妮时，她可以坐在车的前座、接电话、第一个拿甜点、遛狗，或享受任何她喜欢的特权；在自己做主的日子里，孩子们知道了自己要什么，可以得到什么，而不用去考虑别人——高度敏感的孩子可以通过这种方式获得充分信任和重要经验。

五、三思而后行，规避潜在危险

面对新环境，敏感儿童必须经过慎重观察后才可能融入其中。不敏感的家长可能对此感到沮丧，因为在他们心目中，大海就是大海，没什

> 谨慎的性格让孩子不易从树上摔下来、迷路、被
> 汽车撞伤、抽烟、被绑架或被坏人利用。

么大不了的，孩子本来就应该喜欢大海，这种事再平常不过了。但是敏感的孩子就不一样了，他们首先需要充分地观察和思考，如果被硬生生逼着接受大海，他们可能会抗议，或干脆拒绝，就算是假装参与，也无法开心投入。

其实，这种特质也可能是优点：谨慎的性格让孩子不易从树上摔下来、迷路、被汽车撞伤、抽烟、被绑架或被坏人利用。只要家长告知过事情的危险性，他们就会一直去检查是否有危险，青春期的孩子尤其如此。他们遵循安全驾驶规则，不嗑药、不滥交、不违法，也不会和坏朋友交往。

敏感儿童在新环境中也不见得全部都小心谨慎。第一章提到过，每个人脑中都有"三思后行"和"勇往直前"系统。大多敏感儿童都拥有"三思后行"系统，但鉴于两个系统的独立性，有些孩子也可能两个系统都很强，他们同时拥有两种矛盾的特质，既谨慎，也爱冒险。我的研究对象安是个喜欢骑摩托车和跳伞的姑娘，其实她为人非常谨慎，事前一定会做足安全方面的考量，事后也同样花大量时间去平复心情；恰克像猴子一样喜欢爬树，热爱滑雪，但他从未因此骨折过，为什么呢？因为他从未忘记事先检查树干和山坡。以下是针对这类孩子的一般性建议：

第一，相信谨慎的好处。

看到孩子踟蹰不前时，做父母的不需要感到失望。

第二，从孩子的角度看世界。

也许你有很多经验，但孩子没有。父母的个头比较大，相对狗、海

第二章 系好安全带
特别的孩子引发特别的挑战

浪或汽车你就显小了，但在孩子的眼里，这一切都显得比较大。你也许习惯了乘坐飞机，但孩子却没有那么多经验。

第三，用孩子熟悉的细节作为提醒。

"这次家族聚会就像上次外婆过生日一样。""大海就像是特大号的浴缸，海浪就像你在浴缸里动来动去弄出来的水花。""这是苏珊，你上周在南希家见过她。"等等，都可以鼓励孩子尽快接受新环境和新事物。

第四，循序渐进。

每次前行的步伐都小而简单，孩子才不会抗议，而且能获得成功。鼓励孩子参加聚会，你可以说："如果不想，你可以不和大家说话，过去看看就好。你可以带玩具过去玩。"过一会儿，你告诉他："我和你打赌，如果你带狗狗去秋千那边，一定会有人问你它是哪种狗呢。"等等。

第五，充当孩子的保护伞。

面对孩子的退缩，父母需要充当最大的保护伞。孩子若不习惯客人太多，你不用感觉丢脸，而是拿出保护者的态度："你可以随时回房间去，如果有人问起，我会帮你找个理由的。"特别疲惫和厌学时，父母也可以尝试"我已经跟老师说过了，说你可能需要休息一下"等话语。

第六，勇敢尝试，让孩子开启成功之门。

敏感儿童也喜欢探索，只是不想付出太高的代价。父母可以和他探讨探索的好处，以及如何降低探索的风险，并给予适当鼓励。"看到你在深水区游泳，像条鱼似的，我好佩服哦。想想看，去年暑假你都还不会游泳呢。""下个星期你就要升初中了，你可以自己选课了。我相信不久之后，你就会在新学校'如鱼得水'的。"

六、别人眼里的"与众不同"

养育敏感孩子的最大挑战主要来源于别人看待孩子的眼光。除非你的孩子特别擅长掩饰，否则在别人的眼里，他就是一个喜欢关注细节，拥有深刻感受，行动前会三思，事后会一再反省的形象。人们总习惯对不一样的人加以评判，在内心掂量他是否优秀。每个"不一样"的孩子都需要面临这种考验。

"不一样"也有很多好处，会认为你的孩子特别棒，从他们的评价中，你的孩子可以建立健康的自我形象，在面对其他不懂得欣赏的人时，这种自我形象能起到很大的保护作用。

确实，在某些文化中，敏感通常被视为优点和荣耀。接近大自然的民族比较尊崇药师、猎人和巫师这些职业。一项通过对中国和加拿大学龄儿童的研究表明，"敏感、安静"的孩子在中国很受欢迎，在加拿大则不受欢迎。类似中国或欧洲这样重视艺术、哲学、心灵传统的"旧文化"地域，敏感力会得到更多人的推崇，与之相反，美国、加拿大、拉丁美洲这些重视冒险的新移民文化则不太赞赏这种特质。

通常情况下，热爱冒险、充满进取精神和攻击性、冲动、扩张的文化会不断扩张，他们喜欢利用经济或文化力量侵略那些和平、爱思考、崇尚敏感的文化。但是长久下来可能证明这不过是一场"龟兔赛跑"，敏感的人和文化反而可能是最后的胜利者。

优秀的文化通常结合了两者的优点，他们最有胜出机会，他们既有进取精神，又不忘可持续发展，他们总在前进的同时提醒自己不能无限消耗资源，他们不利用弱小族群，也不忘教育年轻人……

如果像这种兼收并蓄的文化一样，我们的社会也懂得尊重敏感的人，那很多错误是可以避免的，敏感的孩子也会被更加善待。作为父母，我们可以为孩子做到以下几点：

第一，以父母的身份检视对敏感特质的态度。

美洲文化不看重"敏感和安静"，中国文化则强调过多。作为父母，你要有意识地检视自我的态度，你是否客观地看待敏感特质？你是否接受自己的孩子敏感？你是否用性别作为评判标尺来衡量孩子的行为？

第二，和孩子谈论敏感特质。

你可以承认敏感带来的问题，但也不要忽略它的优势。有些家长不敢提到或面对孩子的与众不同。但这种回避不会解决任何问题，你的沉默反而会让问题更严重，所以需要直面孩子并沟通这个话题。

第三，如果别人谈论你的孩子，你会如何回应。

事先想好一些得当的、巧妙的回应方法，你的孩子也可以用这些话来保护自己，或对抗自我怀疑。

第四，在孩子够大时向他解释人们的反应。

父母有责任在孩子年龄够大，能够理解文化背景和人类心理时，向他解释人们对自己敏感特质的反应。你可以让孩子了解有些文化是很欣赏他的敏感特质的，当前人们所在意或否定的，正是其他国家和文化所珍视的。

第五，不要让孩子被过多注意、夸赞或同情。

有些人会认为孩子敏感是件了不起的事情，可如果这一切都是天生的，那他也没做什么了不起的事，因此不值得被过多赞美，也不应该因此产生优越感。被别人同情的情形也是一样的，结果或许更糟。无论我们的天性如何，最终都得用手中的"好牌"好好生活。

◆养育敏感儿童的乐趣

我写作此书的初衷是从专业角度细数家有敏感儿童可能面临的问题，但是，敏感儿童的父母在养育过程中也可以获得很多乐趣。

任何问题都有好的一面，当你试着了解和帮助自己的孩子，他会非常感激你，甚至视你为榜样。你和你的孩子一起度过一次又一次的危机，在这过程中学会相互欣赏。当你协助孩子克服某种恐惧时，他会变

无论我们的天性如何，最终都得用手中的"好牌"好好生活。

得无比的自信，你们可以分享沉醉的成功时刻，一起商量应对策略，一起面对别人的嘲笑，会让你和孩子确信彼此是最亲密的战友。

孩子会带你从新的角度察觉更多事情。在育儿过程中，各种美好的细节、社会现象和人生问题会激发你去思考——此前你可能从未有过。即使你也很敏感，但孩子纯真的眼光会带来全新的视界，你会寻找到更多答案，更深沉地理解内在的自我。

和孩子的同盟关系不仅让你和孩子间的联结更紧密，也让你学会了亲子关系的相处之道。因为孩子有时希望跟你亲近，但他也需要自己的私人空间，而你会享受这种关系。

"妈妈，为什么你对她说你喜欢她，可你明明对我说你不喜欢她。"敏感的孩子察觉到了你阳奉阴违的一面，促使你不得不面对自我，不仅变得更好，也让你可以坦诚而随性地生活，就像孩子问你"爸爸，你说你很累了，为什么现在又在拖地"时，你的确可以放过自己，让行为不那么紧张，充分放松。

成功地培养出一个敏感的孩子，你的生命也将获得更精彩的回馈。在你的耐心引领下，孩子会受到良好的教育，他长大后也可能拥有惊人的情感厚度。他对美好的事物有着深刻的体会，也乐于表达；他会和你分享自己所看到的事物，也会和他人分享——通过这种方式，他会对世界做出巨大的贡献。他天生擅长观察和思考，可能会成为未来的发明家、立法者、治疗师、历史学家、科学家、艺术家、老师、咨询师或心理工作者。他也可能成为掌权者的顾问、社会的先知。他的能力和魅力使他备受拥戴，可能成为意见领袖和社会家。重要的是，他会是上好的伴侣和家长，丰富的情感、正直的道德观念和对环境的关心会让他家庭和谐，人生美满。

相信你可以通过具体经验找出孩子更多优点。记住那句话："如果你想拥有一个与众不同的孩子，那你首先要愿意拥有他。"让我们一起努力吧。

不敏感的家长更有福

无论你是否是敏感的家长都应该读这一章，建议你先做附录中的测试题，确认自己是否敏感，然后和孩子一起讨论。我们本章将要解决的是：作为一个不敏感的家长养育敏感的儿童的好处，以及帮你找到如何养育的方法。

尽管高度敏感是一种遗传特质，但是父母一方或双方也有可能并非高度敏感。（近亲属可能是，她／他和你的孩子会有非常相似的体质。）请至本章最后进行自我测试，看看你是否属于高度敏感特质。

　　这一章对于所有的父母都很重要，因为即使是高度敏感的父母也不会总是以相同的方式表现敏感，或者具有和孩子同样的敏感程度。本章同样可以帮助你指导那些孩子身边的非敏感人群。

　　如果你发现自己也是高度敏感特质的话，就更应该读一读。（必须注意的是，为了文章的完整性，我会经常说"非敏感"，而不是"非高度敏感"，但我并不是指"不敏感"，我是从非常专业的角度来讲，其并不具备这种特殊的遗传特质。）

◆写给父亲的话 \\\\

　　就算敏感是遗传特质，父母中的一位可能也不那么敏感，甚至两人都不敏感，因为孩子的敏感可能来源于家族中的隐性基因；也有另一种可能，敏感的父母不见得总是和孩子一样感同身受，本章内容也可以协助你与孩子身边那些非敏感人群沟通。

父亲们尤其需要理解这一点，因为男性通常不那么敏感。虽然敏感男性和敏感女性人口比例相当，但是常俗的文化价值观希望男人不那么敏感，不管刺激、压力和痛苦到什么程度，都要以男子汉气概去承受一切。我的研究显示，父亲的角色对养育高度敏感儿童特别重要，因为传统意义上，父亲必须教导孩子如何面对外面的世界。

◆高度敏感和寻求新事物 \\\\\

非常喜欢寻求新事物的人具有强烈的"行动力"系统（参考第一章）。这些人往往喜欢刺激，容易感到无聊，所以喜欢不断探索。例如，他们宁可去陌生的地方而不是曾去过的地方。旅行的时候，去越陌生的国度越好。他们会尝试嗑药等"新奇"的事物，不喜欢墨守成规。

我们可能既敏感又喜欢新奇。喜欢新奇的个性会让你看起来不那么敏感，因为不敏感的人和喜欢新奇的人都会比高度敏感人群更容易接受新事物。虽然这两种人的内在驱动力并不相同：前者是为了追求新经验，后者则是根本不在乎，不会先想好再行动。

如果你是两种特质兼具的人，你会很容易感到无聊：总是想尝试新经验，又容易受到过度刺激。你看起来简直在和自己作对，总是做各种让自身承受不了的计划，把自己搞得很累，压力太大。如果没有适当的控制，你会被压倒，或是生出一堆慢性疾病来。喜欢新奇的人热爱旅行，如果同时你又很敏感，很快就会精疲力尽。你需要弄清楚如何管理这两种个性，同时也教导孩子如何管理。

只有当你接受现状，经过了这些失落的过程，你才能真正开始解决问题，才能发挥创意协助孩子。

◆当孩子与你的个性非常不同时

如果孩子的个性和你不一样，一定要特别注意几点。

首先，不敏感的家长和高度敏感儿童可以相处愉快。第二章提到过相互配合，强调家长和孩子不一定需要具有相同的个性才能相处。事实上，个性不同有其优点。互相配合指的是，某些文化中，家庭和家长特别适合某种个性。如果家长发现和孩子之间配合得不太好，现在就可以开始试着调整，适应彼此。

适应意味着首先你自己需要改变。作为不那么敏感的家长，你可能习惯和不敏感的人相处。因此，第一步就是接受孩子的与众不同，这是他真实的面貌，不是假装，也不是他在操控你，更不是你把他宠坏了。

接受孩子的关键在于正视敏感特质的优点，更重要的是承认这种个性让你觉得奇怪、沮丧和失望的部分，以及因为孩子的个性而错失的经验。你会因此感到失落：无法送孩子去夏令营，无法亲自看到他当球队队长，他也不会老往家里打电话。但是你会有其他的愉快经验。有得必有失，你必须学会接受失去的部分。没有人能够拥有一切。

只有当你接受现状，经过了这些失落的过程，你才能真正开始解决问题，才能发挥创意、协助孩子。否则的话，你内心的一部分会持续抗拒。你对任何建议都会说："这样说是没错，但是……""对啊，可是他不听我的啊。""没错，可是我做不到啊。"

男孩子不能宠吗？

　　玛丽莲爱冲动，她的丈夫则比较谨慎。兰德尔从出生就像他爸爸一样，非常敏感。婴儿时期，他只肯吃几种食物。幼儿时期，他喜欢站在旁边观察。玛丽莲工作繁忙，兰德尔的保姆又疼爱他，一切都很好，玛丽莲说，他从来不哭。

　　兰德尔大一些的时候，玛丽莲想让他去上幼儿园。她下午两点下班回家，带他去幼儿园。这时候，兰德尔会又哭又叫，一定要妈妈留下来。除非妈妈陪着，否则他不肯去别人家玩。他不喜欢生日派对，就算参加了也要玛丽莲提前带他回家。

　　最困难的是，兰德尔不让别人亲他、抱他。他很有爱心，可是无法忍受别人的亲近。玛丽莲非常失望，他这样正常吗？兰德尔上幼儿园的时候，玛丽莲再也无法逃避了。开学前一年，她就经常带兰德尔去学校玩。第一天上学的时候，兰德尔还是很害怕，之后的每天都是如此。这时，玛丽莲决定把工作改成兼职，以便亲自送孩子上学。亲友们都觉得她太宠孩子了。过了六个月，兰德尔在班上才说出第一句话。这到底是怎么回事呢？

　　幸好，兰德尔的老师彼得森很了解敏感儿童，她自己就很敏感，也教过许多敏感儿童。她让兰德尔慢慢适应，跟玛丽莲说兰德尔很正常，只是容易被噪声、陌生人和意外吓到，需要更多的时间去适应。她提醒玛丽莲意识到自己的个性和孩子的差异，所以要特别注意兰德尔的焦虑，要相信兰德尔，不要逼他。

　　直到一年后，兰德尔才真正放松下来。现在他念四年级了，

很喜欢上学，他也非常努力，老师们都很喜欢他。这些都要感谢彼得森老师。

现在，玛丽莲说兰德尔是个"非常棒的孩子"。他很了解自己，能够跟妈妈说清楚他需要什么，妈妈也会倾听他的要求，支持他。妈妈让他知道，喜欢待在家里读书没什么不好。后来兰德尔表现友善，喜欢上学，只是不喜欢参加课后活动而已。

玛丽莲以前觉得，身为家长，自己的任务就是鞭策孩子。因此她努力克服恐惧的心理——认为如果"溺爱"孩子，就会鼓励孩子的"病态行为"。现在她知道自己错了，真正的任务是了解、保护和鼓励孩子，同时坚持该有的行为规范。

例如，她跟亲戚说兰德尔不喜欢拥抱和亲吻，但是她会坚持要求兰德尔和别人握手，礼貌寒暄。这是他们一起商量出来的折中之道。

回想以前，玛丽莲说："我不那么敏感，我们常常无法配合，压力很大。"现在，玛丽莲和兰德尔显然走对了方向，这才是最重要的。"我提醒他，我可能还是会犯错，但是我愿意倾听他的想法，愿意配合。事实上，我都是听他的话，他很少出错。"

玛丽莲觉得兰德尔的爸爸也是敏感的人。兰德尔正在跟爸爸学习高尔夫球，高尔夫球很适合敏感人群，因为打球时必须考虑许多因素，衡量一切后再挥杆。玛丽莲承认自己一直希望兰德尔可以参加某种球队，但是她学会了让兰德尔自己去选择。

其实不只你是这样的，我的案例中比比皆是这种情况：兰德尔不喜欢去别人家玩，因此他的朋友不多。他很喜欢打棒球，却不喜欢陌生的教练。妈妈玛丽莲只好亲自下场当教练，这位妈妈没那么敏感，她花了很多精力去努力配合自己的孩子，效果非常好。

家长不敏感的好处

如果作为父母，你不那么敏感，孩子会从你这里得到许多美好的经验。

一、你会让孩子拥有更多探险的经验。

玛丽莲让兰德尔参加的某些活动，是兰德尔自己不会去尝试的，可被逼迫的结果是他确实喜欢打棒球。棒球也很适合敏感者，因为它比足球或篮球要慢，对抗性也没那么强，需要观察更多细节。

不那么敏感的家长会带着孩子去新地方，要求孩子尝试新事物，让孩子探索。如果孩子能够承受，并且偶尔有成功经验的话，就会愿意尝试其他新活动。很多家长都会温和地鼓励孩子去尝试新事物，其中，不那么敏感的家长比较能够坚持去要求孩子尝试。

二、你能够提供孩子更多的稳定和平衡。

当孩子恐惧、愤怒和哀伤时，你如果没有那么敏感，可能会比较好地去安抚他。前提是你能够了解他的感觉，不认为孩子反应过度，不因此和孩子生气。你的冷静会是最好的示范，他会从你的情绪中学习，以后运用到他自己身上。

三、你会比敏感的家长更能为孩子出头，保护好他们。

兰德尔的爷爷奶奶拥抱他时，玛丽莲会出面阻止。高度敏感的家长可能不想直面冲突，因此无法坚定地站在孩子一边。或者，敏感的家长自己在童年时也有类似经验，只会对孩子说："你要学会去忍耐。"

四、你可能很善于沟通，可以直接说出心里话，不需要犹豫。

这种"我口说我心"的家长，让孩子看到成人如何思考，如何处理问题。孩子不需要担心父母在什么都不说的时候可能在心里生自己的气。

不敏感的家长会犯的错

1. 你会很难相信孩子体验到的世界和你的不同。你可能会觉得"怎么可能会有这种感觉"，转而寻找适合你的解释。例如，当敏感的孩子抱怨时，你可能会想"他在假装"或者"她就是想引起注意"。

2. 其次，你会经常觉得不耐烦。你可能不多加思索就能说出心事或者采取行动，要你保持耐心确实是个挑战。好的耐心是需要不断完善自己的人格去达到的。

3. 你会太"大声"。不只是音量本身，也是你选择的遣词造句会显得很"大声"。我们的表达强度正是我们理解别人的强度。敏感儿童会用暗示、手势、眼神、细节或语气与人沟通。你的沟通方式对他而言有点粗鲁，甚至是粗暴的，这导致他所理解和你要表达的，或者他需要听到的不同。对他而言，批评、生气或者建议看起来都很严重。孩子可能会被你的态度吓到，根本听不见你说的话。你也可能对孩子有太多的影响，导致他们无法思考和表达自己。当敏感儿童对你吐露心声的时候，你必须要非常温柔。

4. 你有时可能觉得孩子很无趣。高度敏感儿童确实有奇特、深刻而幽默的洞察力，但他们喜欢安静，可能不太说话。长途驾车旅行时，他可能看着窗外发呆或者读书，也不愿意和你聊天。而有些孩子怕你无聊，于是刻意地取悦你，但是他真正需要的还是安静。

如果孩子不那么想跟你在一起，或是不希望你触碰他，你可能有种被拒绝的失落感。

你容易误以为孩子不喜欢你。孩子大了一些以后，跟别人在一起可能比跟你在一起时更友善，这是因为他觉得跟别人在一起必须友善，而你让他感到安全自在，不需要那么努力。

5. 你可能会不知不觉地利用孩子的敏感。我们很容易会叫敏感的孩子稍等一下，听你的话、听你诉苦、帮你做事。他们通常会乖乖地照你的意思做。这对孩子不但不公平，还会造成伤害。

怎么做才好？

1. 当你无法相信孩子所体验的世界与你不同时，你可以努力做到以下几点：

● 尽全力了解孩子的经验。你可以请孩子说说自己的经验，用类似的经验帮助自己理解成因。例如，孩子对衣服上的标签反应过敏，你可以咨询其他敏感的成人，向他们讨教童年经验，也可以和其他家有敏感儿童的家长多交流，问问他们如何处理同样的问题。

● 找心理咨询师协助。寻求与孩子特质相关的咨询服务应该会有较大的帮助。

● 求助老师。如果老师有经验，也接触过许多儿童，拥有更多相关信息，可能更了解敏感儿童，询问老师对孩子的看法，以及他是如何帮助他们的。

● 不要因为无法了解就随意给孩子贴标签。你的孩子可能表现得胆小、懒惰、漫不经心、反社会、过度敏感、叛逆、爱哭或是跟你作对，但是请勿轻易下这些结论。

孩子需要的安全感比你多，也比其他同龄孩子多，请管好你自己的不耐烦。

● 不要期待孩子喜欢你小时候喜欢做的事。不要为了孩子"错过好东西"而过度同情他。

● 不要过度逼迫孩子。这很重要。有时必须逼迫一下孩子，但前提是你真的认为如果不逼迫孩子，他将来会后悔。本书第八章会谈到如何一步一步地引导孩子进入和理解世界。

● 不要美化你的童年，不要让孩子感到羡慕、嫉妒或者自卑。为了说服孩子参加夏令营或足球队，你可能把自己的童年经验描绘得有如天堂。你的童年可能真的很棒、很野或很正常。但是要记得，孩子会有自己的童年记忆，只是跟你的不同而已。

2. 当你觉得不耐烦时

● 养育高度敏感儿童必须具备耐性，你运用一些策略，例如心中默数到十，或者暂时到空房间里去发泄受挫情绪。

● 问问题的时候不要期待孩子会马上回答。如果不确定，你可以问他是不是还在思考答案。如果你表示不耐烦，孩子回答的时间会拖得更长。

● 要给孩子足够的时间做决定。如果时间不够，或是你缺乏耐性，就不要让他做决定。

● 让孩子一步一步地慢慢开始尝试新事物，如果时间不够，或是你没有耐性，就避免尝新，免得浅尝辄止。

● 孩子需要的安全感比你多，也比其他同龄孩子多，请管好你自己的不耐烦。敏感儿童会怕失火、被抢劫或谋杀等事件，这导致他们可能更关注居所安全问题，因为他们无法停止思考其可怕的后果。你可能不

第三章 不敏感的家长更有福

想一再地查看门锁，但是如果你愿意注意这些细节，生活会愉快得多。

3. 注意自己的音量

● 对高度敏感儿童讲话时，要时刻注意自己的遣词造句，其他家庭成员也应注意调整用语。尽量避免严厉和突兀的问题，以免被认为是在责怪。不要对孩子说："你为什么这样？"

● 避免可能引起误解的逗趣或玩笑。大部分的敏感儿童受不了逗趣，即使说话的人没有意识到，他们也会听出字里行间的敌意或优越感。

● 如果孩子需要被教训，只需简单的一句提醒就好了。不要生气，说出你不再爱他之类的话来，或者用其他威胁作为处罚。

● 如果孩子不服从，不要夸张后果。不要说："你为什么要摘那些叶子？我不是跟你说过不可以吗？乱吃这些树叶，你就会死掉。"这样的话，只会让他心生恐惧。好好对他解释就够了："看到那棵植物了吗？它的花很美，但是不要吃它的叶子或者花，它们并不好吃。我叫你不要摘叶子，是因为你还不懂分辨不同的植物，这种植物不能吃，而且弄到衣服上会洗不掉。"你要注意自己说的话。如果你的想法是正面的话，就说出来，否则孩子可能以为你在生闷气，不愿意跟他解释。不要把心里的担忧随意地说出来，因为孩子会比你更担心。

● 不要一直地说个不停，免得孩子插不上话。孩子需要想一想你说的话，考虑一下该怎么回应，结果他还没开口，你已经改变话题了，要记得留些空白时间让他回话。

● 讨论孩子的心事时，记得要用最温柔、最尊重和最安静的口气。如果你知道自己无法专心听的话，请他稍等一下。等到你可以专心听他说话的时候再说。如果你随意回答或是一直分心，孩子可能觉得你不是很在乎他，以后有心事也不会跟你说了。

4. 避免觉得无趣

● 做任何活动时，你都可能比孩子更快感到厌烦。随身带些可以娱

告诉孩子，你喜欢跟他在一起，但是你也可以自
己行动。孩子需要的是鼓励，或者需要你帮他寻找话题。

乐自己的东西，耐心等他做完。培养自己的耐性，等待孩子采取行动或
回应，也对降低你自己的血脂很有帮助。

● 如果必须长时间地待在一起，准备有耳机的随身听。偶尔跟他说
几句话，看他是不是需要跟你说话。

● 如果孩子很安静，你可以问他是否愿意跟你说话，或跟你一起做
些什么。告诉孩子，你喜欢跟他在一起，但是你也可以自己行动。孩子
需要的是鼓励，或者需要你帮他寻找话题。

5. 当孩子需要独处或者不希望你碰他，你有被拒的感觉？

● 相信孩子只是需要隐私、安静和休息。不要想太多，不要一直要
求孩子参与。他需要独处，比你需要他的陪伴更为重要。你必须努力克
服被拒绝的失落感，不要批判孩子，甚至不要显得吃惊。

● 视自己为孩子的保护者，你得保护孩子不受到你的需要或者个性
的伤害。别人可能也想亲近你的孩子，此刻你可以帮助孩子向家人解
释，为什么他不能多待一会儿，或是为什么他无法参加家族聚会。

● 和孩子在一起的时候，尽量开开心心地提供给他需要的。照顾孩
子，满足他的需要，让他能够好好休息。仔细观察他需要什么。如果他
觉察到你并不喜欢提供服务，他就不会提出要求，但是他的需求会从别
的地方冒出来：比如在度假的时候生病、做噩梦或者睡不着。如果你能
够更细心体贴，孩子会比较快乐，也更喜欢跟你在一起。

● 观察孩子疲倦或者在过度刺激时释放出来的讯息，学习在他崩溃
之前就让他停下来。孩子可能比你更早感到疲惫，你可能需要仔细观
察。这样一来，是你主动叫停，而不是被他拒绝。

第三章 不敏感的家长更有福

● 不要想从孩子身上挤出资讯来。即使你做得到，也会惹火他。谈话要有所保留，表示出兴趣，但不逼迫他。我的儿子喜欢晚睡，睡前喜欢跟我说一天里发生的事情，这些谈话让我更了解他的生活。

● 如果孩子不喜欢肢体亲热，不亲近人，不喜欢聊天，请保持温和的接触，不要去批评他。可以试试不同的方法——他可能比较喜欢你轻拍他的肩膀。一起做活动可能比聊天更适合，即使孩子不喜欢和人亲近，也希望知道你爱他。

● 你可以先问他：我可以抱你吗？你想要牵手吗？亲一下再去睡吧？而不是忽然有肢体动作吓他一跳。不论他说可以或不可以，你都要自然地接受，而不是大惊小怪。很多父母发现，先征询一下的话，孩子更愿意与他们亲近。

● 耐心等待孩子放松下来，他有时可能只是累了。如果他不理你，表示他够信任你，知道你会了解并接受他的疲倦。

● 鼓励孩子用其他方式表达情感——他可以送礼物或写张便条。

● 不要放弃肢体亲近。保持肢体亲密，简短轻柔。趁着玩游戏的时候握握手什么的。问孩子他喜欢怎样的肢体接触，不喜欢怎样的肢体接触。

● 如果你和孩子性别不同，要考虑到孩子是否正处在性敏感或者性冲动的尴尬期。孩子无可避免地会受到他人和媒体等信息的强烈影响。他们知道有些成人和儿童之间会有不合适的性接触。你的肢体语言要清楚地表明你们之间的界限。例如在年纪幼小的孩子面前父母可以赤身裸体，但是孩子年纪大了以后，这样做就会让孩子感到困惑，受侵犯或者受刺激。

6.注意不要利用孩子的敏感

● 特别注意不要让任何人将你敏感的孩子当作心理咨询师。敏感儿童天生就是最佳的倾听者，他具有强烈的同理心，他的朋友甚至身边的成年人都会对他们吐露心事、秘密和恐惧。教导你的孩子学会划清界

　　必须在私下征得孩子同意以后，才可以对别人炫耀他的才能。大部分的敏感儿童不喜欢受到过多注意，他们会怀疑这些人的动机。

限，转换话题，告诉他们分享应该是双向的，而不是单方的承受。告诉孩子，如果别人真的有困难，他们应该寻求专业心理帮助，而不是找他。如果别人让他的心理负担太重，他又不知道该怎么办的话，一定要告诉你。

　　● 必须在私下征得孩子同意以后，才可以对别人炫耀他的才能。大部分的敏感儿童不喜欢受到过多注意，他们会怀疑这些人的动机。如果是带有表演性质的活动，即使只是跟陌生人谈话，孩子都可能因为压力而表现不佳，他会自责。

　　● 家务事的分工必须公平。问问孩子的想法，仔细聆听，敏感儿童很容易受到利用。更何况研究显示，即使分工完全一样，每个人都觉得自己做了 70% 的工作。孩子可能不会抱怨，但是最好能讨论一下，彻底地解释清楚，否则他很容易觉得自己是个受害者。有时候，他们确实做得比较多。当你有需要的时候，避免总是找那个最能够了解你的需要和最愿意帮助你的孩子。家里别的人或许更加需要学习付出，磨砺性格。

当孩子完全明白你的弱点时

　　敏感的孩子非常善于察觉别人的弱点以及细微的、不明显的、别人难以觉察的潜在自我。敏感的家长具有相同的特质，因此能知晓孩子具有严格而精准的眼光。不敏感的家长则可能会认为孩子太具有批判性了。

　　敏感儿童小时候容易对父母感到失望，因为他们能够觉察到父母的缺点。他需要讨论自己观察到的现象，而不用担心破坏与父母的关系。事实上，这正是言传身教的大好机会。你可以让孩子看到你如何面对批评，如何能够不完美但仍然好好地活着。

所以，听到他对你的批评时，不要变得充满防御，或感觉受伤："如果店员算少了，你为什么不补上差额？""我还以为你说你要节食的呢！""时速限制是四十五公里，你为什么要开到五十公里？"他们的直率可能让你不舒服，但是记得，每个人都有缺点，不用太在意。如果你无法冷静面对他的批评，就暂时让自己静一静。想一想孩子说的有没有道理，再勇敢承认自己的错误，或者向他解释，你的自我批评精神会带给孩子正面的信息，而他也将学会这一点。

不过你也要让孩子知道，吵架的时候要就事论事，不可以故意人身攻击。例如："你撒谎，你报税的时候就撒谎了，我听到你在电话里说的。""也许我作弊了，可是你玩游戏的时候也作弊。"说这种话只会破坏彼此的信任。

每个人都需要自由地表达自己才能成长，敏感儿童尤其需要练习如何自由表达和接受批评。大家都需要保持冷静，愿意协助彼此，愿意分享、回顾和自省。一起到野外散步或者晚上开车兜风等行动对此大有裨益。

你可以试试以下活动：每个人列出三件喜欢对方的事情。不要只是说"你是个好孩子"，而要更具体地说"我知道你对我很好"。也写出一件你不喜欢他做的事情。例如，"我不喜欢你不敲门就进我的房间"。请注意，句子要以"我"开始，接着描述情绪和具体的事情。

和孩子一起努力

我的建议是，作为父母你必须有耐性。尊重孩子，温柔点……但是，孩子也需要学着和不敏感的人相处，大部分的人都不够敏感。孩子年纪小，成人需要多照顾他，可是渐渐大了之后，他也需学会适应别人、体恤别人。如果你不那么敏感，他可以用你做实验和练习。孩子将学会了解你的个性，随后再是其他人的个性。

敏感儿童也需要提高说话的音量。如果孩子暗示你，他宁可不去爬山而是去沙滩玩，你却没有听清的话，你可以温和地提醒他"这不是任何人的错，就像玩抛接球，需要双方配合"。下次他再有任何意见，就要学会表达得更清楚、更强烈，这样你才会听得懂。

孩子需要练习凡事先想好，免得别人等他做决定等得不耐烦。随着他越来越大，你可以适度表达一些不耐烦。如果孩子总是插不上话，你们可以事先讨论，计划好要聊些什么，让他有所准备。

最后的提醒

了解不同的真相——不论是气质、个性、文化、人生哲学或宗教——我们都可以彼此尊重。这大概是教育、旅行和亲密关系所能给我们的最好礼物了。我们学会谦虚，知道没有人是绝对正确的，这些都是建立独立人格的基础。在此过程中，你会收获更多的智慧。因为你和你的孩子天生气质不同，面对世界的方式不同，这正是你们给彼此的最珍贵的礼物。

给家长的问卷：自我测试——你是不是高度敏感者？

根据直觉回答下列问题，正确或部分正确请在□中打钩，不正确或完全不正确则不需勾选。

□ 1. 我会注意到周遭环境的细节。

□ 2. 别人的情绪会影响我。

□ 3. 我对疼痛很敏感。

□ 4. 忙碌的时候，我会需要一个人躲在床上或黑暗的房间一会儿以减少刺激。

□ 5. 我对咖啡因很敏感。

□ 6. 我容易被亮光、强烈气味、粗糙的布料或警报器困扰。

□ 7. 我的内在生活丰富多元。

□ 8. 我不喜欢很吵的声音。

□ 9. 我会被艺术或音乐深深感动。

□ 10. 我很有良知。

□ 11. 我容易受到惊吓。

□ 12. 有时压力容易使我失控。

□ 13. 如果有人被环境弄得不舒服，我知道需要采取什么行动，例如改变光线或座位的位置。

□ 14. 如果要我同时做许多件事情，我会心烦。

□ 15. 我努力不做错事或者不忘记事情。

□ 16. 我刻意避免观看暴力电影和电视节目。

□ 17. 有很多事情同时进行时，我会很不舒服。

□ 18. 生活里的改变让我心情不稳定。

□ 19. 我能够注意到很细微的气息、味道、声音，还有艺术品，并很享受它们。

□ 20. 我可以安排我的生活，以减少让人不高兴或过度刺激的情况。

□ 21. 我必须和别人竞争，或在被别人观察时我会变得很紧张，表现也没那么好。

□ 22. 小时候，我的父母或老师觉得我很敏感或害羞。

计分

如果勾选了 12 个或 12 个以上的选项，你就可能是高度敏感者。

但没有一个心理测验是完全准确的，你不应该过度相信测验结果。如果只勾选了一两个选项，但这一两个选项极为正确，极有代表性，那你仍可能是高度敏感者。

· 第四章 ·

如果家长也是高度敏感者

其他家庭成员怎么做呢?

本章前半部分将讨论当父母和孩子都是高度敏感者时,所具有的优势、存在的问题与解决方法。后半部分将讨论家中其他成员的特质,如何让家人间的互动达到最佳效果,如何运用个人特质创造整个家庭的正能量。

> *作为高度敏感者，我们是很棒的父母，我们更能感受孩子的需要，知道该怎么做才好。*

我自己是一个高度敏感的人，这一章假设读者也都是敏感者。我们常会遇到两种困难：时常受到过度刺激，以及必须站出来为自己申辩。鉴于本书主要讨论孩子，成年人的问题就不再一一赘述了。

作为高度敏感者，我们是很棒的父母，我们更能感受孩子的需要，知道该怎么做才好。我们对语言感觉敏锐，沟通时往往更理解孩子的想法，我们更了解孩子的担忧和问题。

但是，我们可能早上醒来却不愿意去面对新的一天，因为我们不想去为这个难搞的孩子负责。我们常去跟别人比较，而不去肯定自己。别的家长似乎更有活力、更有耐性、更有资源，他们似乎不需要逃避家庭责任去好好休息一下。就算他们休息也不会像我们一样会感到自责。

身为家长，同时又是个敏感的人，我们面临的是高难度的任务。我们喜欢独处，但是带孩子时又很难独处。如果还有自己的事业、年迈的父母或者其他责任呢？那么，一夜安眠，独自潜心创作，在野外一个人走走，静坐一会儿，做会儿祷告都是很奢侈的行为。别人或许还可以忍受，我们则会枯萎。

儿子出生后，我曾读到一篇文章《亲子教育的地狱——等到别人再告诉你为时已晚》，我的心直往下沉。这的确说出了家长们的心声，为人父母有时的确像活在地狱里，而且从来没有人事先提醒你。

还好我的丈夫很愿意帮忙，他一半的时间都在家里。他不那么敏感，但是非常聪明，总是帮我想很多解决办法。有一次，他必须出门一天，于是他提前在厨房的地板上放了很多玩具给儿子玩，我踩着梯子爬到冰箱上面，看不到一岁多的儿子，可以一个人独自安静一下。如果把我儿子放在游戏床里，他会一直哭。但是让他在厨房里跑来跑去，即使看不到我，他也能玩得很开心。我坐在高高的冰箱上面，可以花上几个小时阅读、写作，他都不会来吵我。这的确是一个奇特而有效的办法。

◆高度敏感的家长从养育孩子的过程中能够得到什么？

我绝对不愿意错过为人父母的乐趣，因为我很爱我的儿子。我第一眼看到他就确认自己爱他。孩子的童年大概只有十年，之后的几十年，他都可以是你的朋友。

高度敏感的家长也可以有其他的收获：我们的人生得到更宽广的视野、更深刻的认同。一位家长说：有孩子之前，我总是很软弱，遇事就退缩。有了孩子之后，我不得不勇敢地面对社会，是孩子完全改变了我。

毫无疑问，孩子让我们得以经历更多事情，认识更多人。我们会为了孩子做我们平常不敢做的事情。另一位敏感的家长说：育儿是我一生最重要的学习，孩子是我最好的老师。

◆首要任务——保持自己情绪的稳定

很显然，当家长和孩子都敏感时会产生比较特别的问题。

你会知道如何回答，或者至少有类似的经验。你会知道如何聆听、讨论和给他有用的参考建议。

敏感儿童会受到家长情绪的强烈影响，家长必须设法保持冷静、快乐和健康。这样一来你的情绪才会稳定。相信我，养一个健康的孩子比治疗一个不健康的成人容易多了。因此，好好照顾自己并不是自私，好好照顾自己也是爱孩子的一种方式。

◆你和孩子都高度敏感的优势 \\\\\

第一，你对孩子的心理状态有先验。

你会煮简单的食物，把衣服的标签剪掉，了解为什么孩子不肯看恐怖电影，知道何时该给他一点压力。

第二，你有处理相同问题的实际经验。

你可以跟孩子描述实际状况和细节，让他知道你如何处理过度刺激，或是别人说你太敏感的时候你会怎么回应。你也可以诚实地告诉孩子，看起来非常困难的事情最后的结果可能非常好。

第三，只要你喜欢自己，就可以提升孩子的自我形象。

敏感儿童很不容易拥有健康的自我形象，但是，如果作为父母的你能够正面地看待自己的敏感特质，那么孩子将从你这里得到自信。

第四，高度敏感儿童喜欢思考的问题。

你会知道如何回答，或者至少有类似的经验。你会知道如何聆听、讨论和给他有用的参考建议。

第五，你的"音量"会刚好合适。

我在上一章已经讲到过，我们听到的音量就是我们表达的音量——

是严厉，还是坚持，等等。敏感的人通常会温和地沟通，用较小的音量，谨慎地注意自己说话的口气，提更少的问题以及适当保持沉默。他们更了解手势、细节和暗示信息。通常情况下，如果你的音量和孩子相似，你们的沟通也会比较容易。我儿子二十七岁时终于决定要学习驾驶，他叫我教他。大家都说妈妈教成年儿子开车会很糟糕，但我们不一样，我完全了解他所面临的状况，知道什么时候应该开口提醒他、指导他、鼓励他，或者保持安静，让他专心开车。他也知道我很紧张，对我很感激，而不是去抱怨我教得不好。

最后，你们的兴趣和品位相近。

每个时代都有自己独特的流行文化，但是同样身为高度敏感者，你和孩子可能有更多的共同之处。许多敏感的家长说，他们也喜欢简单的食物，和孩子对于食物、审美和休闲的兴趣和品位相近，所以从来没有任何问题。不那么敏感的家长则会抱怨很多。

平和无争的家居环境

敏感的卡琳有两个敏感的孩子，她说她是被硬拽进母亲的角色的。卡琳在医学院快要毕业的时候怀孕，孩子一岁半的时候夭折。再度怀孕时她决定待在家里亲自带孩子。

卡琳知道，敏感的孩子需要一个很安稳有序的家，才能够保持冷静。她的孩子都养成了把东西归位的好习惯，卡琳也严格要求自己不对孩子大吼大叫。即使是从楼下叫喊在楼上的他们，也会注意音量。孩子彼此也从来不互相吼来吼去。

卡琳了解孩子需要静养和休息，喜欢比较安静的社交生活。她从来不会因为他们不肯去夏令营就说他们是害羞或者胆小，她

案例

也能注意到她们之间细微的差异：格雷琴可以承受较多的喧闹，拉瑞更喜欢严格的时间安排。

卡琳的做法不但可以减少孩子的压力，也减少了自己的压力。她并不是只定时开饭，而是总会准备他们爱吃的食物，让他们随时可以喂饱自己。她从来不逼他们吃不想吃的食物，他们如果喜欢吃一样的午餐，她就帮他们准备：两个苹果、两个花生酱三明治和矿泉水或别的，一点也不麻烦。

卡琳尽量以孩子的需要为第一优先。孩子若是累了、饿了、不高兴了，卡琳就会立刻去照顾他们。但是她的孩子知道，妈妈的精力和能力也有限，他们懂得尊重妈妈。卡琳说，我的孩子很好相处。

你也许更喜欢和卡琳一家不一样的生活方式，但我觉得卡琳很有创意，懂得运用敏感者的特征来教育孩子——体贴和喜欢安静。她的建议是：认真考虑一下，你的孩子可能很敏感。你需要质疑每一条"本来就应该这样"的规矩，用你自己的方式养育孩子。

高度敏感家长需要特别注意的地方

第一，你的父母如何养育你，你就会如何养育你的孩子。

你可能很想用不同的方式教育孩子，但是过犹不及反而很危险。我们有时可能只是在孩子身上投射自己童年的愿望，而看不到他们真正想要的。比如说，你小时候怕看医生，于是在带孩子看医生的时候，给孩子非常多的鼓励和过多的奖励，结果孩子的就医经验虽然很好，心中难免会怀疑，看医生一定有很多他所不知道的危险，否则为什么家长会费这么大的劲。

第二，有时候过度保护孩子，也会很容易犯错。

许多敏感的家长埋怨父母曾给自己太多压力，所以容易过度保护自己的孩子。当然也有人埋怨自己的父母过于保护自己，害他们错过许多重要的人生体验，于是尽量逼孩子去尝试。

第三，孩子所获得的经验可能不够多。

你可能尝试过玩过山车、吃辣热狗或滑雪，结果发现不喜欢。事实上，你可能不喜欢做任何新的尝试，以免受到刺激，但是这些都是你的人生选择。如果你一开始就不让孩子有这些经验，那等于让孩子延续了你的曾经的选择，永远不会有再学习的机会。

第四，孩子痛苦的时候，你也觉得痛苦。

这会影响孩子如何面对痛苦，但是孩子需要的是镇静并且能够控制自己情绪的父母，这对敏感的家长来说可能很困难。

第五，你可能很难为孩子站出来说话。

你可能不习惯提高音量，让不敏感的人明白"不，她不想要！"，但是孩子需要你挺身而出保护他，同时让他学习如何保护自己。

第六，你可能无法在家中表达自己的需要。

许多敏感的家长常常觉得必须把每个人都照顾好，否则自己也无法安心。别的家人因此面对一个非常危险的诱惑：如果我不想做这件事，就留给妈妈做吧，这对孩子的影响并不好。

第七，如果你不喜欢自己的敏感，孩子会受到影响也不喜欢自己。

身教重于言教，你的天生敏感是无法隐藏的，你应该喜欢自己的特质。

最后，你可能误以为你们有更多相似处。

你可能注意到孩子跟你很相像，可是每个人其实都不同。比如，我

身教重于言教，你的天生敏感是无法隐藏的，你应该喜欢自己的特质。

不喜欢看暴力电影，但我儿子却可以看任何类型的电影。只要是好电影，他觉得是否暴力没有关系。他总是对我说：不就是一部电影嘛。

过度认同

儿子和我在小学阶段一样，都没有太多的朋友。我们运动能力都不好，也不想运动，我们都不够放松自如，在一大群人中也不太放得开。我们都有可以约到家里一对一玩的朋友。有一天，我对儿子说，他一定像我一样，觉得自己被其他孩子排斥，觉得自己不够好。我以前就是这样，所以我一直以为儿子也是这样。但是他说，他不喜欢那些孩子，他觉得他们很无聊，觉得自己并没有任何问题。他们无法欣赏他的幽默是他们有问题。

我的脑袋一下子呆掉了。原来我把自己的自卑投射到孩子身上了，而且还跟着又痛苦了一次，他对同学的态度要比我的健康得多。儿子成年后承认小学高年级和初中是他一生中最痛苦的阶段。五年级时，老师教他们写作文，题目是"我们为什么需要朋友"。他自己把题目改成"我们为什么不需要朋友"。他的方式可以维持自尊，我却因为投射自己的需求，差一点毁了他的自尊。

你可以做些什么

第一，避免过度认同，熟悉孩子与你不同的人格特质。

例如孩子像你配偶的那部分。你可以研究一下，在别人眼中你们之间的差异。

第二，避免过度保护，让孩子接触新经验，控制你自己的焦虑。

你需要想一想，如果过度保护孩子，他的人生可能充满恐惧、局限、缺乏技巧并充满后悔。如果你很焦虑，请寻求专业协助，不要和孩子分享你的恐惧。

第三，如果孩子有兴趣，即使你没有，也要鼓励他尝试新的经验。

个子不高的孩子也可能很会打篮球，动作笨拙的孩子也可能学会芭蕾舞。成功或失败的感觉多半来自老师的态度，以及同学之间的支持和竞争。孩子想学滑雪、骑马、骑摩托车或参加足球夏令营吗？你自己或许会害怕，那么就找个耐心友善的教练，把事情托付给他好了。

第四，如果孩子没有特别的兴趣，就让他多方尝试不同的经历。

你必须努力培养孩子的兴趣，你可以和孩子说你很后悔小时候没有多尝试，讲述自己什么时候觉得必须准备迎接新世界，必须改变，或是分享一下，自己一旦尝试之后是怎样的快乐。然后你们可以讨论一下，达成每个月做一种新的尝试的协议。如果孩子还是觉得很难做到，也要体谅他的心情。

第五，如果你因孩子痛苦而痛苦，请努力寻求更广阔的视野和洞察力。

不管你通过哪种宗教或方法来寻求解释，只要能让你安心接受孩子的命运就好。人生很多时候是不公平的，我们每个人生下来都要面对很多困难，并从中学习。你的孩子也一样，你可以提供最好的生活环境，或告诉孩子如何面对生活的起伏，但是你无法改变孩子的命运。感受另一个人的痛苦并受其影响对他一点帮助也没有，他需要的是你帮助他克服困难。

第六，学习为孩子坚持立场。孩子为自己争取权利不应该孤军奋斗，必要的话，通过专业课程学习如何表达意见。

你可以告诉孩子："如果你觉得自己说不好，事先写下来，背好或者看着稿子念，如果事后想起有什么需要补充的话，回去再说出来。如果你无法面对面地说，就写信。如果以上你都做不到，就找个人代表你发言。"千万不要让孩子孤立无援，认为天生害羞就该受欺负。

第七，在孩子面前坚持自己的立场。要照顾好孩子必须先照顾好自

千万不要让孩子孤立无援，认为天生害羞就应该受欺负。

己。孩子应该学习到，别人也有自己的需要。孩子越大就越懂得体谅他人。可以学习卡琳的方法：她总是优先孩子的需求，但是并不是对所有要求都来者不拒。她的孩子被培养得很有责任感：他们会收拾东西，不会对妈妈太大声，自觉整理自己的衣服，准时上床，按时完成功课。为了孩子，也为了自己，父母要逐渐让孩子分担一些家庭责任，要他们对自己的行为、闲暇时间和居住环境负责。

第八，当你无法同时兼顾时，请记得先照顾自己才有可能赢得照顾孩子的机会。

就像在飞机上，遇到紧急情况时，科学的方法是先帮自己戴上氧气面罩，再帮孩子戴。反之，你如果缺氧昏倒了，孩子也得不到照顾。我儿子小的时候常在晚餐时间吵闹，我试过各种逗他开心的把戏都没有用。后来我去参加静思课程，老师要求我们晚饭前必须静思二十分钟。我想，好吧，我必须"静"，于是决定不理会孩子的吵闹，他真的渐渐就不吵闹了。我觉得，我们过去都太紧张了。照顾好自己其实就等于照顾好家庭，忽视自己的需要会让人觉得你是低等公民，孩子的自我形象也会受到影响。

第九，为了自我的尊严思考一下。

如果你在出生之前可以选择自己的气质，以及因为敏感特质而形成的优点，你是否可为这个世界做出贡献，即使重来一次，也依然选择当一个高度敏感的人？

最后，不要有过度的罪恶感。

不要为了你犯的错误、你对孩子的要求、你帮孩子惹来的麻烦，作为孩子必须承受的负担而一直道歉。你只需要承认错误，让孩子看到你犯了错，但仍然可以努力改正，让生活继续。一旦犯了错，就主动找机会和孩子谈谈。如果孩子必须做些牺牲，那就让他去承担吧。他会被磨炼得更坚强，被过度保护的孩子也常常被惯坏，同时他还会生发罪恶感，觉得自己为什么不像其他孩子一样。

消除罪恶感

在儿子三岁到十二岁期间，我们正忙于公益事业，常常无法在家陪他。一位心理发展学家来我家拜访之后，认为我们是很好的家长，但是不懂得设限。她认为，孩子利用我们的罪恶感威胁我们。比如，即使我们非常累了，如果他要听睡前故事，我还是会念给他听。然后他会接着要求听第二个、第三个。我们常常无法拒绝他的要求，因为我们陪伴他太少而有罪恶感。在这位朋友的建议下，我们开始检查每月计划表，尽量留出时间给孩子，然后向他仔细解释我们的工作，让他觉得有参与感，并为我们的工作感到骄傲。

◆其他家长可以怎么做？＼＼＼＼

当然，除了你以外，在孩子的生活中还会有更多的人。的确，由父亲、母亲和孩子组成的三重奏，或者一个孩子和两位母亲，两位父亲或者其他的家庭成员（甚至是单亲父母），也可以教会高度敏感儿童有关社交生活的内容。"如果你们中的任何一位没法帮助我，也许其他人（有人）可以。"当双方父母都高度敏感时，高度敏感儿童可以从这种三人（或多人）文化中得到大量的帮助：尊重敏感特质，并理解这种个性。因此，这种工作可以帮助家庭中的那些并不太敏感的孩子感觉正常。

夫妻双方，一方敏感，另一方不敏感时

如果夫妻双方一个敏感，另一个不那么敏感时，敏感的一方和孩子可能形成更紧密的关系。气质相近的人喜欢在一起是很自然的现象。随着年龄改变，这样的组合也可能随之改变。我儿子有时候跟爸爸比较亲近，因为他们都是男性，都爱说话；有时候跟我比较亲近，因为我们都喜爱写作、艺术和星际迷航的电影。

亲子关系总有他的欢乐和低潮，如果亲子关系威胁到了配偶关系，

或是家长过于亲近孩子，甚至含有恋爱和性吸引的成分，就会影响孩子的成长。孩子看起来或许喜欢和父母这么亲近，但是他没有经验，无法判断父母是否表现过火了。

这种情况也会对如何决定教养策略提出挑战。有时候，敏感的家长认为高度敏感是缺点，会更倾向于让不那么敏感的配偶负责教养孩子，希望孩子变得不那么敏感。更常见的是，敏感的家长一般负责教养孩子，扮演决策者和保护者的角色，让另一半感到无法插手和使力，或是干脆觉得另一半让人受不了。这对于孩子和婚姻关系都不利。其实，双方都可以对孩子的成长做出贡献，培养出孩子合适的气质，比如平衡、实在，比如冒险、热忱。更何况，孩子的遗传基因来自父母双方，因此不管父母双方敏感与否，都应该承担起同等的养育责任。

高度敏感儿童如何影响夫妻关系

具有强烈个性气质的孩子，比如敏感儿童，往往会在夫妻之间引起冲突，夫妻双方可能常常为了如何解决突发状况而争吵，或者是必须面对"我的孩子跟别的孩子不一样"的问题，还会质疑究竟是谁的遗传、谁的责任。"你总是让她逃避困难"或"你嫌他讲话太小声就吼他，害他现在根本不敢说话了"，这种责难时有发生。

常花时间陪伴孩子的一方会找到一套解决问题的方法，而在对方眼中，却可能是"过于溺爱孩子"。尤其当孩子在他面前不那么展现敏感的一面，也显得不爱惹麻烦的话，这个家长可能会想："他哪里有问题，我就没看到有什么问题。"

另一种情况是，负责照顾孩子的家长可能没有多余精力去照顾配偶，因此会引起某种嫉妒。好的建议是，你要学会欣赏另一半的看法，寻求彼此的平衡感。和对方的做法表现不同时要态度温和。专家一致同意父母的意见必须一致，对离异家庭尤其如此。敏感儿童的父母必须达成某种共识，同意孩子具有独特的气质，了解这种气质，并相信它可以具有优势，同意共同面对可能发生的问题。否则的话，孩子不但觉得自己有问题，还会认为自己是一切问题的根源。

兄弟姐妹

如果一个孩子高度敏感，当他表达自己的需求并得到特殊的待遇时，其他兄弟姐妹一定会心怀不甘。例如，活动量大的非敏感儿童可能会受到较多的限制和警告，当他看到敏感的兄弟姐妹却获得更多自由和责任，他一定会感到不开心；或者，乖巧的敏感儿童不高兴看到兄弟姐妹不守规矩，而家长却对他们的顽皮睁只眼闭只眼，那他也不会开心。

即使所有的孩子都是敏感特质，但其中可能会有一个敏感度更高、活动量更少或适应力更慢，而家长因此逼迫其他孩子成为一样的"好孩子"或者"懂事的孩子"，也会给孩子们造成压力。因为，孩子的个性不同，如果有某个个体的特质不受重视的话，就会产生问题。有些家长会说："姐姐是我们家的小天才，弟弟是我们家的最佳运动员。"这样很好。可是有些家长却只会说："姐姐是我们家的小天才，总考第一名。弟弟呢，却只知道玩球。"这就麻烦了，家长应该让两个孩子各自发展，而非要求个个都德智体兼优，这样只会培养出两个极端。

如果家有敏感的孩子，尊重兄弟姐妹间的不同气质、平衡孩子的发展就显得愈发重要。敏感的孩子极易成为乖巧、睿智、成熟、能干

如果家有敏感的孩子，尊重兄弟姐妹间的不同气质、平衡孩子的发展就显得愈发重要。

和伶俐的孩子，其他兄弟姐妹则易显得冲动、过于吵闹，仿佛问题一大堆。另一种可能是敏感的孩子变得更加胆小、压抑、害羞、情绪紧绷，也不讨人喜欢，其他孩子则显得更为勇敢、外向、开朗和看起来更"正常"。事实上，如果家长懂得鼓励的话，所有的孩子都可以发展出平衡的个性。

我们会讨论如何描述相反的个性，让两种个性看起来都不错。即使你心里偏爱某种个性、能力或兴趣，也不要公开说。而且，人是会改变的。过一阵子，孩子或者你，都可能不一样了。

雅克的故事

雅克是个敏感儿童，五岁时开始嫉妒不那么敏感的弟弟，对小他两岁的弟弟也比较冷酷。弟弟学会走路了，真正成为家中的一分子。他是个活泼的孩子，得到很多关注。他会去乱动雅克的东西，跑到雅克房间去。弟弟的个子很大，让雅克受到威胁。爸爸认为小儿子将来可能是个好运动员，因此更关注他。上学对雅克是一件很困难的事情——和妈妈分开就已经够惨了，弟弟竟然还可以跟妈妈一起待在家里！

雅克顿时变成仇恨的化身，他总是在意弟弟的一举一动，什么都要挑刺。弟弟有的东西，雅克都要。别人给弟弟东西，或者表现出喜欢弟弟的样子，雅克就会火冒三丈。他会趁父母不注意的时候打弟弟，如果弟弟碰了他的东西，他就借机大哭和抱怨。

家长了解孩子的心情，对两兄弟尽量公平。他们试着给孩子同等的关注，但是因为小儿子需要比较多的生活照顾，这让雅克一有机会就会报复弟弟。有一阵子，没有人喜欢雅克。但是，现在两个孩子都念小学了，他们也成为好朋友。雅克变得很体贴、讲道理，而且完全没有攻击性了。

　　发生了什么事情呢？雅克曾经的嫉妒恨意去哪儿了？他那时还小，不会遮掩，看起来就像小混蛋。而天真可爱的弟弟就像小天使一般，幸好父母相信雅克不是坏孩子。两个孩子，都有优点，也有缺点，而父母爱他们的一切。这份爱，以及持续的关注和对雅克的夸奖（尤其是爸爸给的），随着时间的流逝，问题自然消失了。弟弟长大以后，可以和雅克玩了，雅克也可以教弟弟在学校学的东西，看到弟弟也学会了，他就很高兴。

　　重要的是，雅克的家长从来没有给他贴标签，从未排斥他。如果一个孩子这么小，还在成长中，还很脆弱的时候，就被大人贴上胆小、固执或软弱等负面标签的话，那才是不幸。

敏感的孩子如何当哥哥姐姐

　　大部分的敏感儿童比普通儿童更喜欢家里有新宝宝。当然，家里添丁时，原来最小的他潜意识会有很多愤怒和创伤，这是不可避免的。但是不管弟弟妹妹是否敏感，高度敏感儿童都可以从弟弟妹妹那里得到很多益处。他们可以领导、保护、协助和教导弟弟妹妹，由此建立信心。

　　不过，敏感的哥哥姐姐也会觉得弟弟妹妹还是很烦人，他们会打断教会孩子解决冲突的简单方法，例如轮流说话，轮流倾听，注意暂停，寻找彼此觉得公平的方法。

自己的思考，喜欢不经允许闯进自己的房间，乱翻东西。我的案例中，兰德尔的妹妹詹妮和他的个性截然不同。他们的妈妈说："詹妮喜欢和小朋友玩，喜欢互动，会跟任何人回家去。兰德尔则受不了她这一点。妹妹去找他，他就叫妹妹走开。可是，作为家长嘛，我觉得事情就算这样也没什么大不了的。"

处理冲突

如果一个孩子敏感，另一个不敏感的话，家长不应强迫孩子去相处或者爱对方。只要能够容忍彼此，保持礼貌就够了。敏感儿童特别容易因为兄弟姐妹的话而感觉受伤。不要让孩子私下解决纷争，除非你确信他们有这种能力。教会孩子解决冲突的简单方法，例如轮流说话，轮流倾听，注意暂停，寻找彼此觉得公平的方法。即使他们熟悉这种沟通方式，父母还是需要确保孩子们严格遵守游戏规则：不可以讲脏话、打人或称王称霸，或者任何有可能对身心造成伤害的行为。指导他们多加练习，孩子们真的可以自己解决彼此的纷争。

在家庭中讨论彼此的性格特征

每个孩子都具有某种特质，如果大家要谈论到敏感这个话题，也要同时提及其他孩子的特质。注意不要以偏概全，把所有事情都归到性格特征上。除了天生的气质，行为也会受到文化、家庭、长辈、现状和经验的影响。

你可以从第一章提到的九个性格特征开始讨论，也可以继续测试他们的敏感度及是否追求新奇事物的倾向。你可以跟年纪较大的孩子逐项讨论成年人敏感调查问卷上的问题，了解他的感受，看看家里别的人是否也有同样的感受。你们还可以一起去画一张表，列出每个人的个性特征。每个人都有权知道自己的个性特征是什么，其他人可以帮忙指出一些现象，从不同的角度来印证。

保持正能量

轻松以对，用正面的词汇去描述不同的特质。例如，你可以说爱动的孩子"充满活力"，而不是"撒野"；不爱动的孩子可以说他"安静"，而不是"反应缓慢"或者"性格懒惰"；情绪强度高的孩子可以用"有精神"或者"情感强烈"来形容，而不是"脾气暴躁"或者"歇斯底里"。情绪强度低的孩子是"温和亲切"或"容易相处"，而不是"平庸无聊"。

这并不是表示我们必须喜欢某种特质。其实性格特征无关好坏，别人对这种性格特征的反应也无所谓对错。即使我们是不一样的人，也要学着和睦相处，这是人类最重要的课题之一，那就让我们从家里开始做起吧。

可是，你也许会想，这样不是在贴标签吗？如果做过头了，或者看低了别人，或者吵架时用来攻击别人就不好了。比如你也许会说"怎么从来也轮不到我！你就是这么的固执己见"。我们教导孩子学会就事论事，即使是"固执己见"的人也能够去分享。所以性格特征并不是重点，过于关注这一点只会愈吵愈烈。善用"标签"可以让人觉得真正的自己受到重视，这种感觉颇佳，因为这表示别人在乎你，愿意了解你，真的注意并了解到你是怎样的人。

首次提及敏感

当你开始用正面或者中性的语言谈论高度敏感的话题时，会发生很多有趣的事情。每个人都会认定自我很敏感。你需要从一开始就解释清楚，对什么事情敏感，比如很大的声音、严厉的话语、批评、气味、身体接触或发生意外等。

我要特别解释，"敏感"一词是专有名词，并不泛指对别人好、具有同理心、有艺术倾向和有洞见。当敏感的人状态佳的时候，他们确实具有这些特质，所以会很有良知、直觉好和灵性强。但不敏感的人也会有这些特质。而且，在高度敏感者状态不佳的时候，好的特质都会消失得无影无踪。这些是无关对错的性格特征，是两种不同的生存策略：一个是"敏感"，采取行动前善于观察和深思；另一个则是行动迅速、勇于尝试。每种策略都适合某些状况，而不适合其他状况。

通常，敏感的孩子容易成为家里的替罪羊。大家可能都觉得他不太对劲，而不是找自己的原因。大家可能都把造成不好后果的原因归在他头上："如果不是因为他那么害羞的话……""都是因为他啦""如果他也喜欢放鞭炮的话……"或者大家都习惯了指使敏感的孩子，对待他像对待灰姑娘似的："他这么胆小，当然应该听我们的话。"

当我们用正面的态度看待敏感时，敏感的家庭成员就会获得力量，原有的角色和习惯就可以得到改变。每个家庭都有某种程度的"角力"在进行。如果权利是家人之间互动的主要动力，那么，原有的模式开始松动时，每个人都会受到影响。有时候，会有人想恢复原有模式，也有人试图找到新的替罪羊。身在其中，你很可能无法看到这些潜在的家庭动力，但如果你觉得自己的家庭有这个可能性，请找位有经验的、口碑好的专业人士协助你们探索新的方向。

◈最后的提醒＼＼＼＼

　　无论你是不是敏感的家长，都可以通过思考与敏感儿童的关系、帮助家人讨论每个人的气质，或观察重视"敏感"话题而产生的改变，这样你可以看到家人之间更平等，更加欣赏彼此。互相了解的过程，也可以帮助整个家庭成长。

· 第五章 ·

养育快乐的
敏感儿童四大秘诀

本章将讨论如何提升孩子的自我形象和为什么这是养育敏感儿童的重要议题。然后我们会讨论羞耻感，这是敏感儿童常有的情绪。你也会学到管教敏感儿童的方法，让他们不必受伤就可以学习和改变。最后还有如何学会与亲友、老师及你的孩子讨论敏感问题，如何教导孩子把负面批评化为正面力量。

◈秘诀一：提升自我形象＼＼＼＼

　　儿童会发展出基本的正面或负面自我形象。如果基本态度是负面的，即使生活中有好事发生，他也不会放在心上，而是只把负面经验奉为真理。如果基本态度是正面的，即使有坏事发生，他也可以很快恢复。

　　敏感儿童需要教导和管束，但是如果你不知道怎么做，孩子可能会把管教当作你对他的全面否定。他们通常会遵守规定，如果做错事，他们会深刻反省，以免下次犯同样的错误。他们非常想第一次就做对，因为这是他们的基本生存法则，已经深深烙刻在他们的基因里，过多的批评只会让他们觉得自己总是犯错。

　　敏感儿童自律性很强，容易陷于严苛的自我批评中，因此自我形象评估过低。他们善于观察和评估，是天生的评论家，有可能成为未来的影评家、书评家或者美食家。如果他们觉得某个人需要被爱或者被接受，他们往往无条件地付出，但是他们对于自己以及身边的人要求也可能更严苛。他们觉得亲近的人是自己生命的衍生，因此有时会求好心切。

敏感儿童不易接受批评，因为他们已经自我反省过错误了，不想要别人批评，他们自己就会痛惩自己。

你无法控制别人如何对待你的孩子，你只能让孩子学会正确解读外界给他的讯息。欧美文化中，高度敏感的人不太被重视，男生如果对痛苦、批评、过度刺激和别人的感觉表现得太敏感，就会遇到麻烦。即使孩子接收到的是正面讯息，他仍然很清楚世界并不是为他量身定做的，他会觉得自己不太正常。因此，高度敏感儿童需要更多协助，发展出一套内在的安全信息系统来对抗外界的误解。

我想强调，要注意自我形象和降低羞耻感，是因为我知道成年后再想改变有多么困难。几乎每一位来我这里寻求心理治疗的个案都是高度敏感者，他们童年时受到忽视，甚至被视为有毛病；成年后，他们仍然深刻地感到羞耻，除非一一面对这些问题并努力超越。羞耻感如影随形地让他们身心受苦，也让他们很难找到朋友或伴侣，无法完全发挥自己的才能，有些人会过度努力来证明自己的价值。成年后改变心中的羞耻感是进展很慢的工作，因此，作为父母你要尽力从一开始就不让孩子感到羞耻。

四种自我形象

儿童从四个来源获得自我形象的建立，最重要的来源是知道有人爱你，只是因为你是你，跟你的成就无关。如果父母希望孩子的自我形象既坚强又稳定，就要从他一出生开始努力，而且将这种努力持续整个童年。成年之后，即使这些爱他的人已经不在了，他还是会觉得自己很好，很值得爱。这种安全感可以让孩子确认：只要别人了解你，你喜欢的人也会喜欢你。这让他拥有爱的能力，能够爱别人，也让他在需要的时候可以依赖别人。

另外三个来源和能力有关。

社交的能力：能够交朋友，说话有趣，能够赢得陌生人的敬重，领导一大群人，在一群人面前发言。从家庭开始，延伸到朋友圈，经验多了以后，可以延伸到任何场合。

身体的能力：对自己外貌及能力的信心，肢体协调的能力，相信自己的身体可以学会新的技巧，可以玩游戏，完成各种任务。

心智的能力：对学习有信心，至少在某方面与同学们一样好。

有时候我们会碰到自我形象过度膨胀的人，他们相信自己无须准备就可以做任何事情，或是相信自己即使态度恶劣还是会受人喜爱。我从来没遇见过一个高度敏感的人会过度膨胀。高度敏感者的现场感通常比较悲观——当他们评估自己的表现或者理解别人如何看待自己时，会比真实情况要负面一些。而普通人则恰好相反，他们往往自我评估过高。

敏感者悲观的现实感是有道理的。如果他们想要一次就把事情做对的话，就必须如此。他们不喜欢意外事件引发的过度刺激，例如尝试新行为，却发现自己做不到，或者是不喜欢。他们尤其不喜欢事实与预想不符，例如自己以为很受别人喜欢，但其实不然。因此，你不是要给敏感的孩子过度的自信，而是要给他更正面的真实感。

确实，这些孩子或早或迟都会发觉自己的黑暗面。现在他们只是为了当个好孩子，压抑某些人性共通的冲动和欲望，他们比普通人更能觉察到潜意识的存在。因此，他们没法长期高度评估自己，他们知道自己有非常自私或者怀有恶意的可能。父母的任务就是让孩子试着接受自己

这种安全感可以让孩子确认：只要别人了解你，你喜欢的人也会喜欢你。

的黑暗面。你必须让他认识到，有坏念头和真正做坏事是不一样的。觉察到自己的坏念头其实有好处，这表示坏念头并没有隐藏起来，敏感的人可以自我监督。

结论是，因为高度敏感者害怕高估自己的能力、价值和可爱的程度，以及别人对自己的爱。所以，你可以鼓励孩子在适当的时候对自己予以较高的评估。让敏感的孩子学着对自己说："我做得到！"他们需要这样的信息帮助前进。

如何提升敏感孩子的自我形象

第一，自我觉察。

敏感儿童不会错过任何线索。对他们而言，行动，包括体态姿势、声音表情和面部表情都比语言更有效。如果你不看重自己，或不看重他们，他们都会知道。如果你或你的孩子都很敏感，你会感到骄傲吗，还是你仍然有所怀疑，害怕孩子长大会因此不快乐？如果你不喜欢自己的敏感特质，今天就要开始改变态度。

第二，语言还是有其效果。

寻找合适的机会夸奖孩子的敏感特质，同时注意不要做过头。当孩子需要休息或保持安静时，从正面的角度来看问题并替他们找到合理解释，比如："今天去了一趟动物园，你当然会累坏了，因为你要注意到所有的事情。"要夸奖孩子的观察力、考量一切的能力、良知、创造力、直觉和同理心。同时你也要明确表示自己并不期待他总是如此，你可以使用"你好像在幼儿园里注意到了所有的事情"之类的话语，而不要去说"你真是我的福尔摩斯。不管我们去哪里,你总是能够随时注意到一切"这样过犹不及的话。

第三,花时间与孩子相处。

想要跟他在一起的愿望和行动,最能够表达"我喜欢你"的心意。喜欢一个人,不但要说,也要做,尤其是要花时间相处。儿童心理专家建议父母每天至少花半小时跟孩子相处,不用特别做什么,顺着孩子的想法,他想要怎样就怎样,这样可以治疗各种创伤,有时候,半小时或许已经太多了。不易刺激孩子的方式是和他在同一个房间里,一起工作游戏,或是一边做饭、清洗或开车,一边和他聊天。当你想花时间和孩子相处时,要由他决定该怎么做,而不是你。

第四,尊重孩子的感觉、需要、意见、喜好和决定。

让孩子的感觉从小就受到尊重,即使你必须立规矩、设定限制,也可以尊重他的内在冲动。你可以说:"我知道你真的很喜欢冰激凌,可是你先吃晚饭比较好。"或是"我了解你想烤饼吃,听起来很好玩,我们都会很爱吃,只是现在已经是晚上 10 点了,我早上必须 6 点起床,如果你老待在厨房忙东忙西,甚至忙到半夜 12 点,我会被吵得睡不着"。如此一来,孩子和孩子的欲望在你的眼中首先得到了肯定。

第五,协助孩子了解自己和不那么敏感的人有何不同。

孩子必须了解,许多人会冲动行事,很多事并没被仔细想过,有些话是言者无心,或是使用了过于强烈的语言。你的孩子需要自动降低别人的音量,戴上情绪的耳塞。你可以建议他"我在想,或许他当时只是心情不好",或是"你明天可以问问他是否真的是那个意思"。

敏感的孩子还需要了解,不那么敏感的人往往也不太善于倾听。他们不会立刻听懂"暗示"或是了解"呃,也许吧……如果你那么在意的话"是什么意思。他必须说"我要这个""轮到我了""不要,我不喜欢这样"这样直白的表述。这是需要练习的,你可以和孩子尝试每次去练习应对这些情况。

> 针对每个缺点都指出一个相对的优点，这可以提升孩子的自我形象。

如果他无法提高自己的音量或降低别人的音量，父母要帮助他，不让他觉得自己是受害者，因为有些人就是听不到轻声细语。

最重要的是，你要让孩子了解，这不是任何人的错。他可以选择自己喜欢的方式，甚至可以表示出来："我觉得那样子讲话很粗鲁。"

第六，针对孩子的每个缺点都指出一个他的优点。

父母先表示尊重孩子的感觉，"我了解你今天出局两次，一定对自己很失望"，然后可以提到他的其他成就。"可是你上星期还打了一个全垒呢。"或者是"我知道棒球不是你的强项，你好像比较喜欢体操，你的体操做得很好"。或者是，"我知道你不太擅长体育，可是你很会画画，我猜凡·高也不太会打球吧，呵呵"。

父母尽量不要固执己见，不要和孩子争论。提醒一下就好，千万不要夸大他的能力，这只会让他失去对你的信任。

针对每个缺点都指出一个相对的优点，这可以提升孩子的自我形象。研究显示，我们会用两种存档系统来储存重要记忆，自我形象低落或者忧郁沮丧的人会按优点和缺点分类，他把所有的缺点放在同一个档案里。当他意识到其中一个缺点的时候，所有的缺点都冒出来了。另一种记忆系统则与价值观无关——所有关于运动的记忆在一个档案里，关于学业的记忆放在一个档案里，社交生活在另一个档案里。无关优点或缺点，都依照类别存档。

按优点和缺点来归档的记忆系统是如何发展而成的呢？部分原因是家人和同龄人喜欢笼统地贴标签，例如"你是个坏孩子"，于是所有他做过的坏事就都归在一起了。你要避免使用这种带有价值判断的概念性标签。如果孩子给自己贴标签，你就要提出相反意见来中和他的自我伤害。他可能会说："你只是在帮我找借口。"但是如果你找的借口很合理，他就能听进去。

◆秘诀二：降低羞耻感 \\\\\

养育快乐、有自信的敏感儿童，第二个秘诀就是避免产生羞耻感。羞耻感和罪恶感都是内建的、强有力的自我意识情绪，就和骄傲的情感一样。心理学者如此区分二者：罪恶感针对某件特定的事情，通常有办法弥补；羞耻感则针对整个个人，觉得整个自己都不好。如果有罪恶感，他还会是一个有自主能力的人，可以犯错，也可以弥补错误的后果。羞耻感则让人觉得被动和无助。有罪恶感的人通常会积极采取行动，试图弥补，或是为自己申辩，而不是退缩。有羞耻感的人通常会低下头，避免眼神接触、弯腰驼背，让自己看起来很不起眼，恨不得马上消失一样。

人不会一直沉浸在羞耻感或者罪恶感中，但这可能会成为人格的一部分，使得他特别容易进入那种不好的状态，或随时感受到那种负面情绪。

替羞耻感说几句话

在结构比较严谨的社会里，比如日本，羞耻感比较普遍，也较容易被接受。羞耻感让大家维持着彼此间的关系，并严守分寸。研究发现，在日本，羞耻、自尊和骄傲的感受都比较依赖于别人怎么想，不像美国人一直标榜坚持自我，不受他人影响。美国人不受外界影响，自尊心也往往过高或过低。日本人则不会，因为他们会仔细观察别人的反应，反省自己，然后形成自我形象。

在强调独立的社会里，"感到羞耻"本身就是羞耻的。当高度敏感的儿童觉得羞耻时，他们会因此表现得更羞耻。羞耻心也让我们看清自己的行为，自发性的羞耻不是受到别人欺负产生的，而是看到由自我行为的后果引发的，它让我们真正看到自己做错了。敏感的儿童很容易觉察到这种羞耻，这是他们学习的方式之一，可以协助他们在未来不犯同样的错误。例如，一旦他们认为偷东西是羞耻的行为，就会确认自己不是那种人，也会肯定自己永远不会再干了。

即便如此，也必须承认羞耻的压力很大。对敏感人群而言，一点点就够了。如果想要用羞耻感来教育敏感儿童，就像用锤子敲图钉一样显得过度用力了。

羞耻感非常强烈的时候，会产生慌乱或者敌意——对别人或对自己。敏感儿童大发脾气的原因之一就是他感到极度羞耻、无法忍受。通过对羞耻感和罪恶感的研究指出，容易感到羞耻的人比较有敌意、暴力倾向和缺乏同理心。他们觉得没有退路，总是觉得自己不好。敏感人群如果因为羞耻感产生敌意的话，会把这种敌意发泄在自己身上。

如何避免羞耻感

自尊心再强的孩子也会有羞耻感，我们需要注意：

第一，不要因此而不敢管教孩子。

心理学者曾经研究儿童如何形成羞耻感，发现最严重的例子不是因为管教太严，而是毫无管教。这些家庭让孩子觉得，自己做什么都不对，因此成人才会放弃管教。有些家长对自己敏感的孩子感到失望，他们认为孩子天性如此，不会改变，也不会试图管教孩子，这样的孩子当然会觉得很羞耻。就算没有经验或笨手笨脚，父母也应努力管教敏感儿童，这会让孩子觉得你关心他，而不是彻底放弃。

第二，看看自己的成长之路。

许多家长用羞辱的方式管教孩子，"笨蛋，你看你做的好事。""你就不能做对任何事情吗？""你真是让人生气！""别人会怎么看你！"

我们知道这些话很伤人，却经常不由自主重复父母曾经对我们说过的话。作为父母，你要尽量察觉你自己的羞耻感，避免把同样的羞辱施加到孩子身上，因为习惯是可以改变的。

第三，不要强调你对孩子的期望。

适度的鼓励代表你认为孩子有足够的能力，但是不要过度期待。享受和孩子在一起的时光，不要去想他以后会有什么成就。帮助孩子用自己的标准去畅想未来。我常常看到高度敏感者按照父母的期望长大，最终却不得不承认，那并非自己想要的生活，或是现有生活不适合自己的性格特征，因此把自己搞得很失败。或者成年之后他们才开始寻找自己真正的兴趣。"不符合期望"会造成深刻的羞耻感。

谈到"长大以后想做些什么"时，听听孩子的心声，他想要做什么，他选择的生活优点是什么？缺点又是什么？也就是说，把你自己的期望放在一旁，客观地去讨论这个话题。

第四，避免在孩子之间进行比较。

即使亲如手足，孩子之间也非常不同。谈论到孩子们的差异时，除非你可以充分表达两个孩子在你心目中一样好，否则要特别小心。关注每个孩子的优点，不要去比较。

拿孩子和他的朋友做比较，也很容易伤害到他。所以尽量不要说"为什么你不能像他一样，站在全班面前讲话！"等让孩子不开心的话。

第五，审视自己开的玩笑。

有些人觉得，家人之间开开玩笑也是爱的表现，但事实上，开玩笑往往是在用轻松的方式表达潜藏的敌意，例如"哦，太好了，约翰在做饭——今天小狗有的吃了，我们等他上床之后可以订外卖"。高度敏感儿童才不会上当。除非你确定孩子可以还击，否则不要随便开玩笑。

享受和孩子在一起的时光，不要去想他以后会有什么成就。帮助孩子用自己的标准去畅想未来。

> 我们希望道德感形成内在的自律，管理自己不做某些事情，而不是因为害怕被发现才不做。

第六，要确定孩子不认为自己是家庭问题的源头。

年纪小的孩子特别以自我为中心，会想"爸妈吵着要离婚，都是因为我这么难带""妹妹生病了，因为我对她不好，暗地里希望她死掉"。跟孩子讨论这些事情，用他能够了解并且能够受到安慰的方式解释给他听。

◆秘诀三：有智慧的处罚

如何养育出一个拥有是非观念的孩子？研究发现，不同的方法在不同特质的儿童身上会有不同的影响。首先来看看通用的原则。

我们希望道德感形成内在的自律，管理自己不做某些事情，而不是因为害怕被发现才不做。道德感必须内化。孩子不偷东西是因为"这是错的"。问他为什么觉得是错的，他的回答可能是"我爸爸妈妈教的""我的信仰如此""如果大家都随便拿别人的东西，那多糟糕啊"。大家都应有内化的道德感，如果纯粹只是因为怕被抓到而不偷东西的话，整个社会治安恐怕需要大量警力才能维持了。

学者观察到，彼此关爱的亲子关系会自然产生内化的道德感。婴儿容易受感染，如果照顾他的人不开心，他也会不开心。身为社会化动物，我们自然而然地会互相反应，但是，父母迟早会禁止婴儿做某些事情，这会让婴儿不开心，从而破坏原有的亲子和谐，在讨好对方和坚持己见之间产生冲突。婴儿会因此激动或不悦。如果一切顺利，

第五章 养育快乐的
敏感儿童四大秘诀

到了三岁左右，孩子开始接受父母的观点，并将之视为自己的观点，双方都希望维持和谐的关系，开始配合对方——这时，最初的原因已经被内化了。

研究发现，接受适当刺激的孩子最能够内化价值观，你需要引起孩子的注意，但是不要把他吓坏了。管教孩子的时候，如果刺激不足，孩子会掉以轻心，继续犯错，父母一再重复同样的命令却不执行时，孩子往往更不会听话。另一方面，如果孩子受到过度刺激，他们会学会避免处罚，也躲避处罚他们的人，但是不会记得他应该遵守的行为规则，不会将父母的价值观内化为自己的。比如说，我永远记得小时候被打巴掌，但却不记得是为什么事情而被处罚，我只记得当时的恐惧感和羞辱感。

如果孩子受到适度的刺激，他会得到教训，学习到与人相处的重要资讯。"不要大声喊叫，你会吵醒爸爸的。""你这样踢安妮的话，她会很痛的。""别的孩子不喜欢会咬人的孩子。"或者"我知道有的孩子会作弊，可他们不但伤害了自己的信用和人格，这样的成绩也没有意义。老师会不知道哪个学生需要协助"。

高度敏感者容易将经验内化

研究显示，年幼的敏感儿童比一般儿童更早具有内化的道德观。独处的时候，即使不会受到处罚，他们也不会做父母叫他不要做的事情。除了可以避免受到批评或处罚，也是因为他们有能力注意到周围发生的事，反省并抑制自己的行为。

爱荷华大学的格拉茨尼亚·科汉斯卡博士做过实验，她让两三岁的儿童看坏掉的东西，观察谁能够注意到它们的特征。会注意到东西坏掉的孩子会对事件产生兴趣，会关心坏掉的地方。在另一个实验中，她发现这些较具观察力的敏感孩子如果弄坏东西也比较激动，例如弄坏娃娃，衣服染上脏东西等，都会让他们的情绪不好平复。

科汉斯卡安排一群五岁儿童做实验，让他们可以犯规作弊而不被处罚，结果发现敏感儿童不会犯规，但前提是他们已经受过温和的道德教育，没有受到过度严厉的处罚。

我研究过的家长都说，对待孩子一定要温和，不可以打孩子，不可以羞辱孩子，不可以用剥夺爱和孤立的方式来惩罚孩子。只要改变你的口气，对敏感儿童就已经足够了。

敏感儿童也会犯错犯规，在家里尤其如此，但是他们事后都会后悔，那种懊恼的情绪就是自我处罚了。你只需要跟他谈谈心就够了。有的家长偶尔会轻微处罚一下孩子，例如取消某种特权。但是要知道，如果他们哭泣、发抖或发脾气，就已经表示压力太大了。这时候千万不要加重处罚。如果你继续处罚他，他可能因为过度恐惧而暂时听你的话，但是他在这么大的压力之下，不会内化这个教训。最好的方法是先让孩子冷静下来，再决定如何处罚他。

如果你想要把刺激降到最低，预防才是上策，制定适合孩子年纪的、清楚的规则，在事情失控前满足他们的需要，事前做计划，以免引发刺激。

避免事情发生

第一，想想你的标准。

身为家长，你需要保持明确的行为标准——四岁孩子在餐厅里应该具有的行为是什么？十岁孩子遇见不认识的人应该怎么做？犯错后何时应该道歉——如果没有清楚的准则，而且孩子也够大了，你可以召开家庭会议制定准则：在家里不可以大声喊叫、骂脏话、打人、丢东西、破坏别人的东西、回家晚却不打电话通知、在楼梯上滑滑梯，把脚放在家具上等，大家一起决定的规则比较容易维持，因为孩子会自己内化这些规定。如果孩子还小，你就必须制定规则，而且事前就把规则解释清楚，这样会省掉很多争执。你需要解释为什么要这样规定，并让孩子能够在情绪冷静时将之内化。你也要听听孩子的说法，看他是否认为合理并且做得到。

即使家人都有了共识，也不要高估孩子，以为他们都能达到你的标准，尤其是早熟的敏感儿童。他们可能一直像个小天使，体贴善良，但是有一天突然发脾气，甚至对着妈妈丢东西。妈妈可能想，是不是平常太放纵孩子了。于是很强势地教育他，让他从光荣的小大人一下子变成不乖的小孩，他只会感到丢脸和愤怒。

如果孩子常常不听话或者发脾气，你可能对他要求太多，超过他年纪和性格所能承受的范围。此时需要降低期待，但是要保持一致性。

在我的案例中，恰克常常说错话，他的意见很多，他的看法通常是对的，但是他的表达方式不够礼貌。他的父母不想抑制他的个性，但是要求他注意身边是否有人听到。这个原则适用于所有高度敏感者——不能随便说任何心里想到或观察到的事情。他需要三思，此时此地对这个人说这些话是否合适。不然，再中肯的意见也只会招来敌人。

第二，调整其他人的期待。

如果孩子由保姆照顾，要确定保姆也用同样的标准教育孩子。我有过一些不好的经验，总结出不能把高度敏感的孩子托付给没有相关经验，或已经忘记育儿经验的人，抑或那些一直在严苛条件下长大的人。

我在大学教书的时候，六岁的儿子很喜欢我的一个学生。我也觉得这个年轻人令人愉快，也可靠，就让他晚上过来当保姆。可结果却出乎意料的糟糕。学生说我的儿子说谎成性，长大一定变小流氓。为什么呢？因为我儿子不想洗澡，他却坚持要他洗完澡再上床。儿子进了浴室，锁上门，开了水龙头，脱掉衣服，换上睡衣，再关上水龙头，开门

你需要解释为什么要这样规定，并让孩子能够在情绪冷静时将之内化。

出来。可是他忘了把毛巾弄湿，就这样露出马脚了。

我到家时儿子非常凄惨，他已经被我的学生教训了很久。那名学生完全不了解六岁的男孩。从此以后，我再也不会让那些期待孩子会像成人一样守规矩的人来照顾我儿子了。

第三，认真了解加上好的事前计划。

即使你必须赏罚一致，必须让孩子为自己的行为付出代价，还是需要好好想一想他为什么会犯错。例如，兰德尔的妈妈注意到，儿子的不良行为主要都是因为他觉得妈妈对待妹妹和对他的方式不公平引起的。她意识到，有时候她确实更了解和同情女儿的感受，因为她和自己的气质更相近。她努力改进这个根本原因后问题就好多了。

玛瑞莎经常顽固地坚持自己所要的，因而惹上麻烦。她的父母干脆不问她的意见，直接会把外套递给她，给她点心或者让她休息一下，这也可以避免发生争执。其实事先了解清楚孩子需要什么，并干脆利落地去做也是对孩子的体贴。敏感儿童无法忍受不适，容易失去耐性，他们不舒服，受到过度刺激，饿了累了的时候无法听话。预防这些状况的方法不是宠溺孩子，而是满足其这些合理的需要。

你也可以用风趣或者其他事情让她分心，小客人来家里之前，把孩子特别喜欢的玩具收起来。孩子走路走累了，你可以唱一首歌，这些小技巧可以避免后遗症。

最后，事前的警告可以协助敏感儿童面对转变，对他们而言，任何转变都很困难，而让转变成为生活习惯则会比较容易。

突然的转变可能让孩子心理受挫，不愿意听话，并和你争执。不要说"故事讲完了，上床关灯睡觉了"。如果孩子抗议，也不要说"不准吵！你总是这样！吵也没用"。这些都只会让孩子更不高兴，更一发不可收拾。试试看"让我想想，你穿好睡衣了，该关灯了哦，我们一直都是这样，不是吗？"。如果孩子还想听故事，你可以说，"明天下午我再给你讲故事。睡前故事已经讲完了哦"。

管教高度敏感儿童的基本步骤

管教和处罚不同。如果管教得当，孩子的行为有所改变，就不需要处罚了。如果敏感儿童不守规矩或者让你失望，可以按照以下几个步骤进行。

第一，考虑一下孩子和你的激动程度。

如果你和孩子都过度激动，就先让自己冷静下来，然后安抚孩子，努力让他冷静下来；如果你无法控制自己，也是无法安抚孩子的。如果孩子很害怕，先跟他说："别担心，我们会好好解决的。"对于已经很激动的敏感儿童，千万不要继续刺激他了，不要说"等会儿回家给你好看！"之类威胁的话。

如果孩子很激动，可能需要至少20分钟才能恢复冷静。为了解除紧张状态，你可以把孩子带到另一个房间去。坐下来总比站着要好，能够一起躺在床上更好。或者是一起到外面坐坐，一起去散步，总之是要找个安静的环境。

第二，耐心倾听和同理之心。

高度敏感儿童需要被听到，他们常常有深刻的感受，或是对自己的行为有合理的理由，他们往往对不公平的待遇感到失望。了解孩子的感觉和看法可以协助你们决定接下来怎么办。

记住，倾听时不要上纲上线，不要说类似于"你就是不肯好好洗澡，是不是？""你竟然对保姆撒谎""你为什么总是惹麻烦"等话。

如果孩子随便找借口呢？"我只是闹着玩嘛。"你可以继续跟他谈，也可以接受这个说法，直接开始讨论后果。如果孩子找借口，他是在避免被羞辱或者处罚，这时候不要把他逼到墙角。

如果觉得孩子在说谎，我不会直接揭穿他。我可能会说："我不知道该相信你还是相信保姆。如果我们要彼此信任的话，就需要说实话，我希望以后你可以告诉我，为什么说实话这么困难。"

第三，重申你的行为准则或把理由解释给他听。

"生气的时候，我们常常想打人，可是我们不会打人，因为不希望
彼此害怕，也不希望让对方觉得我真的想伤害他。"在孩子面前重申你
的行为准则，建立你的权威，并心平气和地把准则解释给他听，这种沟
通过程很重要。我针对孩子和我的学生的那次冲突，说的是"不管今晚
发生了什么事情，我还是希望你能听他的话，并且能说实话。虽然我付
给他保姆费，但是他还是我们家的客人，不应该对他撒谎，或者给他惹
麻烦。你不听他的话让我担心，因为如果出了什么事故，大人还是比你
清楚应该怎么办。"

第四，决定要不要有进一步的后果。

需不需要道歉？是否经常发生这种事情，表示孩子未能内化这些行
为准则？然后你们可以一起决定下次再犯结果会怎样。下次再有类似状
况，提醒他大家有过什么约定，并且坚决执行。

第五，向孩子说明下次可以怎么处理。

父母要让他觉得未来有希望，对自己的冲动有较为健康的选择。
"你生我的气时，你可以跟我说你想打我，你也可以打枕头，假装枕头
就是我。"

以洗澡事件为例，我对儿子的建议是，和保姆意见不同的时候可以
打我手机，我也可以建议他和保姆一起讨论他们可以做些什么，上床睡
觉时需要做些什么，然后我会听取他的意见。我会说，如果你真的不喜
欢保姆做的事情，你可以等我回家以后谈谈，也许我们以后不再请他来
了。以后若是再有类似情形发生，我可以提醒他，我们的协议是什么，

第五章 养育快乐的敏感儿童四大秘诀

问他为什么没有遵守约定。

我也会要求他，直接把对保姆的意见告诉我，我们当然不希望孩子乱编故事，但是也不希望孩子什么都不敢说。

两点补充

首先，你需要针对孩子的年龄和当时的状况做调整。如果你必须很快行动，或是孩子年纪小，就要简单明了，把在街上乱跑的孩子抓回来，告诉他"我知道你喜欢跑在我前面，可是我叫你停下来的时候，你必须停下来，因为我知道什么时候可以过马路"。

对年纪小的孩子，措辞尽量简单："我知道你想要所有的玩具，可是你也要让吉姆玩，因为需要和客人分享我们的东西。"对十岁孩子就可以小声说："我知道你不想。但是我现在要你跟奶奶说谢谢。因为她做了这么多好吃的招待我们。你如果觉得有必要的话，我们可以在回家的车上谈谈。"

第二点，不要忘记关于羞耻感的讨论。即使是很小的小孩，光是被教训就已经够丢脸的了。你可以安慰他说："别担心，我们都会犯错。"或是"我知道你已经累了，而且你不喜欢那个孩子。""我常常看到你和别人分享玩具，只是今天不想而已。"

必须处罚孩子时需要注意的问题

第一，让"后果"简短、温和、切中要点。

比如说："如果你再踢，就得一个人在那边坐一会儿。"并同时注意孩子是否有羞耻或者恐惧的情绪出现，据此调整处罚的程度，接下来可以找个缓冲负面情绪的方式："好了，把椅子挪近一点吧——只要不要

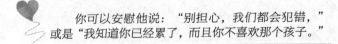

你可以安慰他说："别担心，我们都会犯错，"
或是"我知道你已经累了，而且你不喜欢那个孩子。"

踢到就可以了，好吗？"

一位母亲叫三岁的女儿回房间去自己想一想："下不为例，她简直情绪崩溃了。"这个女孩一整年都没有再犯错。记得，少用处罚。多提醒和定规矩就足够了。

第二，无法预料的处罚让敏感儿童更焦虑。

如果你叫他不要踢，结果他又继续踢的话，你就必须说到做到，要求他独自去另一张椅子上坐。如果他不去，你可以决定他即将面临的后果："如果你不去坐，我就必须让你离开这个房间。"带他出去，听他说话，设身处地考虑他的处境，重申规矩和原因，并决定后果，最后提醒他为什么要这样处理。

如果孩子仍然不停止闹脾气，很可能有其他原因，例如过度疲倦等。这时你要采用肢体语言：抱着他、安慰他并试着说明，最后达到一个双方都平和下来的局面。事后你还是要重申立场和解决问题，不要不了了之。

如果你和孩子陷入权力斗争，想想原因。敏感儿童一般可以很聪明、很微妙地掌控别人。我儿子就表现得好像喜欢被惩罚，比如我要求他回到房间里去，他会说："好啊，反正我正想回房间里去呢。""没关系，我反正不想看那个电影。"他只是想扳回一些权利和面子。他力图让我们的惩罚显得没多大用处，虽然如此，我们照样会执行这些没用的惩罚，但事后会和他玩一些他擅长的益智游戏，让他觉得和我们仍然是平等的。

专家建议家长每天跟孩子花半小时做孩子想做的事情，例如陪年纪较小的孩子坐在地板上玩他的玩具。这不但可以满足孩子的需要，也是孩子被处罚之后重建安全感和自尊心的好办法。

第三，孩子够大的话，可以直接和他探讨问题形成的原因。

找个很久没有发生冲突的日子，温和地和孩子讨论："我知道你常常有很多很有意思的想法，可是我不懂。为什么你有话要说的时候常常插嘴。"他可能会说，因为你总是说个不停。这个时候，需要改变行为的是你，不是孩子。

你也可以和孩子讨论是否因为过度疲劳或者过度刺激引起的不愉快，然后你们一起如何改变行为，找到最佳对策。你们还可以讨论相互提醒会不会更有帮助，怎么提醒才最有效。

·如果孩子说谎或偷窃

不要立刻处罚孩子，虽然你希望他记住教训，但如果孩子已经觉得很丢脸了，那就温柔一点处理。谢谢他说实话，告诉他每个人都会犯错。告诉他你小时候说谎的教训。孩子冷静之后，再和他讨论。如果大家无法信任彼此的话，社会和家庭将会如何混乱。谈谈成人面对的诱惑，例如偷税漏税等问题，然后推及人格的价值以及尊严的可贵。

不要逼孩子为了逃避责罚而不得不说谎。如果饼干不见了，不要说："是你拿了饼干吗？"要说："有些饼干不见了，刚刚只有你在厨房，你知道我不希望你吃那些饼干，我们该怎么做，才能让你拒绝诱惑？"对于敏感儿童，最好不要用"说谎"或者"偷窃"这样语意强烈的字眼。

如果你不以身作则，这些方法统统都没用。例如，不要叫孩子谎报年纪以便买半价票，不要叫孩子接电话说你不在家。

冲突升级

有时候，事情就是会变得一团糟。任何年纪的孩子都可能大发脾气。敏感儿童被处罚的时候，常常因被过度刺激感到羞耻或愤怒而大发脾气。即使不发脾气，他们也可能找出一大堆理由来说你错了。这时你要怎么办？

作为家长，保持冷静的同时也要坚持原则。你可能需要一点时间才能冷静下来。如果孩子年纪小，你可以和他待在同一个房间但是不说话。告诉他多久之后可以说话，最理想的是 20 分钟，而且提前强调这不是处罚。你也可以打开电视转移孩子的注意，然后告诉孩子，等到大家都冷静下来的时候再说。

等他冷静后，设法回到互相尊重的理性讨论。要记住：感觉和喜好永远是没有错的，我们表达这些感觉的言行和方式才可能有错。你可以说："我知道你不喜欢，可以告诉我为什么吗？""如果你不喜欢上吉他课，那你想去上其他的课吗？""你以前很喜欢上吉他课的，可以告诉我现在为什么不喜欢了吗？我们可以跟老师谈谈或者换个老师。"

给他选择，暗示你们是平等的，"我无意惹你不高兴，我也希望你能用冷静、成熟的方式告诉我你喜欢什么，不喜欢什么，我一定会仔细听，我们会一起找出解决方法"。

试着和孩子协商出合理界限和责任，以及犯规时的处置方案。不要在吵架的时候单方面决定如何处罚孩子。事后，要以建立快乐家庭和健全人格，并以相互信任为基础。大家都遵守规定和限制，你可以提出一项你很想改变，或者孩子很希望你改变的行为，请孩子协助你设定界限及处罚。这样一来，就不再只是孩子被成人处罚，而是大家一起改正不好的行为，共同进步。

预防愤怒

尊重孩子的意愿，这样当你必须坚持的时候他才会听你的。说出正面和负面的观点，让孩子知道有哪些冲突需要解决。例如"我知道你不想为客人弹钢琴，虽然我很想看到你弹，可是你不愿意，那就不弹吧"。

让孩子自己发现解决方法，"我知道你讨厌逛街，但是你应该一起来，才可以选到自己喜欢的衣服。你再考虑一下，我们什么时候可以一起去逛街，好吗？"

越早让孩子学会对自己负责越好，让孩子接受自然的现实后果。例如，不肯准时上床的结果就是没睡够，忘记交作业的后果就是被老师批评，没带午餐费的后果就是饿肚子，不把脏衣服丢进洗衣篮的后果就是上学没有干净的衣服穿等。

需要避免的事情

处理说谎和偷窃，或者是激烈冲突时，需要注意以下原则：

第一，避免激烈冲突。

你必须温和、坚定。如果是在公共场合或者别人家里，先带孩子离开别人的视线，找个隐秘安静的地方，让自己平静下来，也让孩子平静下来。在还没有平静下来之前，不要讨论这件事。

第二，不要用爱来威胁孩子。

不要说"你再这样，妈妈就不爱你了！"

第三，不要做无谓的威胁或者无法挽回的威胁。

"你再这样，就没有人喜欢你了。上帝会处罚你，把你打入地狱。"这类的话千万不要说。

第四，不要威胁或使用情绪、肢体暴力。

暴力指的是任何会伤害孩子的言语或行为，比如对他说"你这个笨蛋"或者打他一拳。

第五，不要给孩子模糊的指示。

比如对他说"到别人家的时候要乖"或者"注意路"等，他们可能会一直感觉紧张，或因为害怕做不到而焦虑。

如果找不出夸张言行背后的原因，就专注在孩子
需要遵守的行为标准上。

第六，冲突时不要提到个人气质。

就事论事，专注在议题和行为上，不要说"你又在神经敏感了"，
而是说"你真的不喜欢那个味道，对不对？可是你需要吃药。如果把药
混在你喜欢吃的东西里，可以吗？"。

第七，不要让孩子利用自己的敏感操控别人。

这个分寸很难掌握。我们常常为了避免冲突、处罚和逃避罪恶感、
无力感或羞耻感去试图操控别人。假的、夸张出来的情感和真实的情感
不同，你会感觉得出来的，你要找出真正的感情。"你说晚餐让你害怕
想吐，你是在害怕什么吗？"

如果找不出夸张言行背后的原因，就专注在孩子需要遵守的行为标
准上。"我知道你很想要那个玩具，得不到会很难过，可是我们达成过
协议，就是生日当天只买一个生日礼物。你可以安静地跟着我，也可以
自己去车子那里等我。我回来以后，可以和你谈谈你的感受。"

如果你对孩子能够具备同理心，认真看待他说的话，他等一会儿就
会承认"恶心的晚餐"或是"得不到会死"只是在表达他的感觉而已。
你可以向他解释其实有更好的方式去发表看法，因为你自己小时候也有
过这些心机，可结果是让别人觉得自己被利用了。

◆秘诀四：讨论"敏感"

许多家长还迟疑着，不知道要不要和孩子讨论他们的敏感气质，家
长往往担心孩子会觉得自己有毛病。我相信，所有的敏感儿童或早或迟

会注意到自己与众不同。你的意见可以让他用正面的态度看待自己，可以让他更了解自己。如果孩子觉得敏感是个大问题，你可以尽量降低"敏感"在他生命中的重要性。如果孩子认为问题都是因为自己不够好，或是不够努力引起的，那只是因为他受到过度刺激，此时你就可以强调敏感在他生命中扮演的角色。

你可能需要和老师或保姆谈到孩子的敏感特质，在此之前，你需要事先征得孩子的同意，否则他会知道你们在谈论他。老师和保姆可能向他提起或改变对他的态度，这会导致他想象最糟糕的情况——自己是否有问题？也可能导致他不再信任你了，因为是你把他的隐私泄露给别人的。

如何与孩子讨论"敏感"这个话题

假设有一天你必须和孩子谈论这个议题，以下是我的一些建议：

第一，任何讨论都需要根据孩子的年纪做出调整。

不要让孩子感到迷惑，例如不要说"你生下来就和玛丽莲阿姨性格一样"。因为他或许不怎么喜欢玛丽莲阿姨。就算他喜欢，年纪小的孩子也不会了解"个性"是什么。

第二，一定要清楚地让孩子明白，你不是唯一有敏感气质的人。

可以把周围同样气质的人罗列给他看，比如"你喜欢安静，一向就是这样。你天生如此，你的舅舅乔也是这样子，很多人都是这样"。

第三，向孩子解释，每个人都有一些特殊个性。

你注意到了没，有些人天生就是脾气不好，另外一些人却天生好脾气。你天生敏感，有些人却天生不敏感。

第四，当敏感造成问题时，专注在如何解决问题上。

例如可以说"我们应该多带一件毛衣的"，不要说"因为你这么敏感，才会觉得冷风吹着不舒服"。

第五，如果某个危机需要孩子付出最大努力，不要用敏感作为失败的借口。

不要说"你被拒绝了，当然会不开心嘛，你那么敏感"，而要说"我看到他们这样待你感到很气愤，发生什么事情了？你觉得自己应该怎么做才好呢？下一次你可以怎么做才能让结果变得不一样呢？"要讨论具体解决方法，而不是说些他无法执行的泛泛之词。

第六，和孩子发生冲突时，不要利用敏感的气质攻击孩子。

不要说"你不能去，你知道你敏感的个性会过度兴奋的"，或者是说"你又来了，你怎么这么敏感"。

第七，如果孩子抱怨自己敏感的个性，提醒他敏感的好处。

比如赞赏敏感带给他的某项才能："我知道你没办法像保罗那样公开演奏小提琴，因此心情很烦躁，可是你记得吗，老师说你拉得很细腻呢，就是因为你敏感，所以才有深刻的体会，也能够觉察到观众。"

第八，清楚表达孩子可以如何改变，哪种改变则可能徒劳无功。

"我相信你多多表演，就会比较放松了。你可能永远不会像保罗那么放松，但是如果你逐渐适应观众，并把他们当朋友的话，你可能想要为他们演奏，那时你就会比较享受演出了。"

第九，指出某些孩子认识并且欣赏的人也是高度敏感者。

我们很难确定名人是否高度敏感。注意你看到的细节，某人小时候也很"体贴""害羞"或"敏感"。收集这种名人例子，尤其是孩子喜欢的领域内的名人事例，了解一下亲友中有谁是高度敏感者，让孩子知道，也让孩子和他们聊一聊，这样可以为孩子找一位敏感特质的人生导师。

如何和别人谈孩子的敏感

和其他人谈到孩子的敏感时，例如老师、教练、亲戚或其他家长时，一定要考虑对方是什么人，当时是什么情况，想一想下列问题：

- 有多少时间可以谈这件事？
- 这个人接受资讯的态度有多开放？对方是否很僵化，或是喜欢争论？
- 你有权利期待对方好好听你说话吗？换言之，你是否付费征求咨询？
- 以后是否必须跟对方好好相处？是跟陌生人说话，还是想和对方建立某种关系？
- 对方对你或你的孩子是否有影响力？
- 对方有可能向谁转述你说的话？你的话是否会被扭曲？你是否要求对方保守秘密。他是否能保守秘密？
- 还有谁在场？有任何孩子认识的人在场吗？可能有人误解你说的话，并且把话传给孩子听吗？

当然，大部分的人会支持你，愿意提供协助。不用多说，只要告诉孩子，如果遇到问题应该如何处理，例如找保姆、其他家长、亲戚或者跟年纪比较大的孩子讨论，他愿意别人知道些什么？喜欢吃的食物、对什么东西过敏、上床睡觉的时间、喜欢安静的时间等。

第一，简短说明。

在不知道对方会如何反应，但又必须解释的时候，你可以事先准备好简短说明，例如"你可能需要知道，我的孩子个性敏感，他会注意到很多细节，所以很容易受到过多的刺激"。如果对方表示有兴趣，再告诉他更多细节。

你可能需要事先准备好说辞，当别人说闲话时，可以快速反应。

第二，快速反应。

你可能需要事先准备好说辞，当别人说闲话时，可以快速反应。以下是一些常见例子：

别人说："你的孩子很害羞呀。"

你可以说："真的吗？我都不觉得呢。她只是喜欢仔细观察和熟悉环境。等她准备好了，就会放开来了。我认为她是敏感特质，所以能注意到所有的细节，而不是害羞。"

如果孩子真的很害羞，你可以说："是的，她会察觉到别人怎么看待她。可是一旦熟悉环境了，并且知道你喜欢她，就没问题了。"

别人说："你的孩子太敏感了。"

你可以说："其实我蛮喜欢她的敏感呢。她做了什么事情让你不舒服吗？"

别人说："他有什么毛病吗？其他的孩子都喜欢……"

你可以回应："事实上，研究显示儿童喜欢的东西都不一样的，这要看天生气质吧。"

如果别人粗鲁地对待你的孩子。

你可以说："不，我的孩子不喜欢那样。""你这样子无法帮助他。""那样子可对他一点用也没有。"不用进一步做任何说明，你已经表明立场了，只要坚持就够了。

第三，处理更大的冲突。

如果有人评价你的孩子行为"不正常"，你可以端出你做过的专业考量结果或专家意见来反击。例如："他的小儿科医生说，他的个性很正常，只是比较敏感而已。"或者提供你的知识："我读了很多研究报告，这种气质的孩子有这种行为很正常。"如果对方坚持，就表示你相信他立意良好，但是这样的谈话一点帮助也没有，你有权转移话题或置之不理。

如果有人抗议你的孩子搞特殊的话，你也可以直接捍卫孩子的权利：如果孩子有多动症、阅读障碍、视觉受损、听力受损的话，往往应该得到特殊待遇。如果一开始的时候，给你的孩子一点特殊待遇，事情会顺利许多。你需要让他明白未来大家都能够好好的，强调大家的目标，不要只强调你的孩子。

第四，如果你选择不出面说话。

如果有人说出不正确的话，而你不愿与之纠缠时，一定要告知自己的孩子自己为什么这样。你可以告诉他"有些人完全听不进去，多说无益"，或是你有其他处理方法。

◆健康的自我界限＼＼＼＼

四个关键点：提升自我形象、减少羞耻感、适度管教和直接讨论敏感话题。这四个关键点也可以协助孩子建立健康的自我界限。敏感儿童特别需要这种自我设限，因为他们注意到太多细节，会比一般儿童了解别人在想什么、说什么、有什么感觉，因此容易忽略自己，因此需要建立个人界限。

系统理论里有个很实用的隐喻，可以用来解释任何事物——单细胞生物、城市、电脑、植物、机构或自我。系统理论指出：所有事物都有一个外在界限，它可以把不同的事物分隔开来。这个界限只允许系统需要的东西进来，同时可以把有害的东西隔在外面。

敏感儿童需要做同样的事情——知道自己的界限，吸收有益的事物，拒绝有害的事物。有益的事物包括能够建立自我形象的爱和回应。有害的事物就是让他觉得自己有问题的讯息，如长期的羞耻感和过度刺激的经验。父母则需要知道如何用正面的态度看待敏感，也知道如何避免过度惩戒。

提升自我形象、减少羞耻感、适度管教和正面的态度都可以建立

你可以告诉他"有些人完全听不进去，多说无益"，或是你有其他处理方法。

健康的界限。孩子会感到舒适自在，可以让别人接近他，不怕受到伤害、被拒绝或被羞辱。他可以防止坏经验进来，不会轻易接受别人说他错了；他会捍卫自己的界限、意见和需要；他将对自己的判断充满信心，觉得自己有权利，甚至有责任不让有害的资讯进来。

我们都看过缺乏自我界限的孩子，以及他们低落的自我形象："如果没有人喜欢我，那我就做别人要我做的事情，让他们喜欢我。"不管事情多么有害，他们就是会去做。有些孩子非常想解决内心的痛苦，极端一点的甚至会想到"不如死了算了"。

你的孩子不用走上这条路，因为你会协助他认识什么有益、什么有害。他将以拥有这种能力为傲，而非引以为耻。当你习惯了在处罚孩子之前先听他的解释，那么他也会学到如何保护自己。

应用：开启"敏感"话题

首先，和配偶及孩子讨论孩子的敏感气质，一起决定想和谁分享这方面的资讯，如何分享。如果他不想让人知道，尊重他的意思，但是要一起讨论为什么？这可能是去除羞耻感的好机会。敏感虽然有缺点，但更有优点，长久下来，你的孩子就不会在意别人知道了。

其次，如果孩子同意，准备好你的简短声明，和孩子配合着练习一下。

最后，想一下，遇到别人提起敏感话题，你会怎么回应呢？

· 第六章 ·

一个好的开端
安慰和回应高度敏感婴儿

本章先告诉大家如何辨认和照顾敏感的婴儿，如婴儿经常哭的话要怎么办？你将了解孩子对你的觉察和记忆。然后，我们会讨论六个月到两岁之间的敏感幼儿的需要，包括过度刺激及睡眠问题。也将谈到六个月到一岁的敏感婴儿特别需要的三件事情：依附关系、步调一致和自我调节。

◆新生儿——如何认出高度敏感婴儿 \\\\

目前还无法鉴定哪些婴儿长大会高度敏感，有些婴儿一出生就有反应，遇到强烈刺激容易哭。有些婴儿即使吃得好，体重一直增加，没生病，前四个月却一直哭，每个星期至少有四天会哭四个小时以上。

婴儿爱哭的原因很多，有时就只是因为他的身体机能还没有完全进入状态，或是在反射家长的焦虑和家庭压力。小婴儿的愤怒和恐惧尚未分化，恐惧往往只代表压力。即使爱哭闹是天生的，也不一定是敏感体质导致，还可能是由于情绪强度、高度活动力或低适应力造成的。

许多家长表示，他们的敏感的孩子在婴儿时期并不常哭泣，这些家长把环境布置得很舒适，所以婴儿没有理由哭泣。只有环境改变了，才会看出孩子的特质。比如，爱丽丝本来好好的，某个晚上停电了，夜灯不亮了，温柔的音乐也没有了，她的父母才意识到这个婴儿有多敏感。

> 父母要及时满足婴儿的需要，对他们的情绪做出回应。婴儿需要身体接触和更多的刺激，也可能需要精心保护和更少的刺激。

不论家长如何细心照顾，有些婴儿就是爱哭。所以，光凭爱哭与否无法识别敏感儿童。那要怎么辨识呢？玛利亚的妈妈注意到玛利亚才两周大就可以和人四目相望，眼睛会跟着母亲移动，其他家长也提到初生婴儿的注意力，这似乎是一个很好的鉴别方式。

如果孩子高度敏感，你能做什么呢？在这个阶段，你其实不需要特别做什么。

回应是最好的

所有的初生婴儿都只需要父母做一件事情：回应。这是婴儿身心健康发展的最重要条件。父母要及时满足婴儿的需要，对他们的情绪做出回应。婴儿需要身体接触和更多的刺激，也可能需要精心保护和更少的刺激。

初为父母，可能很难了解到初生婴儿的需要。他们不会说话，除了不开心以外，不会表达任何讯息。父母靠直觉猜测婴儿需要什么。有时即使是最敏感的父母也不见得知道他们需要什么。但是随着育儿经验的增加，父母也会慢慢知道如何回应。对于敏感婴儿，父母需要觉察更敏锐。

刺激不足或者刺激过度的时候，所有婴儿都会哭。刚出生的前几周，这是他们哭泣的唯一原因。如果刺激不足，他们可以通过啼哭引起大人注意。如果有让他们痛苦或不舒服的过度刺激，他们也哭。如太热、太冷、太饿、太吵、尿布太湿等。再大一点后，婴儿对不同的刺激也会有不同的反应。

不分年纪，高度敏感的人总比一般人更容易感受到刺激。婴儿可能会把脸转到一边，或是扭来扭去，以免受到过度刺激。但父母可能误会这些迹象，以为婴儿需要被抱起来、喂奶、玩耍或者摇晃，结果是更进一步刺激他。事实上，他可能正在表示"不要！我受够了"。

如何减少婴儿受到的刺激

如果婴儿看起来很健康，但是常常哭，你可以试试以下的方法，看看是否会有帮助。如果哭泣没有减少，他可能真有其他需要，我们将在下一节专门讨论。

1. 注意不要和他玩得太疯。
2. 尽量减少婴儿床里的玩具、挂饰和图片。
3. 减少他能听到的声音，关掉音乐或放低音量，温柔而小声地说话。新生儿最需要的刺激就是类似子宫里的刺激——摇晃、紧抱和妈妈的声音。
4. 建立婴儿喜欢的生活节奏。洗澡和喂食都尽量在固定时间段以相同的方式进行。有些婴儿一开始就很有规律，有些婴儿需要成人帮忙建立规律的习惯。
5. 少带婴儿出门或接见访客。
6. 只使用最温和的棉质、简单、花样固定的婴儿衣物。
7. 调整室内温度、食物和洗澡水的温度。尽量让婴儿舒服。
8. 睡前习惯固定，让他睡得舒服。保持房间安静，光线不要太亮。
9. 背着或抱着他。实验显示，如果母亲每天用背带背着婴儿两小时，六周后，他们每天会比其他婴儿少哭一小时，在成人怀抱里的婴儿会感到安全。如果你必须带着孩子去高度刺激的环境，一定记得把他抱在怀里。
10. 每天带孩子去户外小睡一小时。人在户外总是比较放松，只要天气够好，就带孩子去户外，让他在婴儿车里入睡。

把婴儿当作一个完整的人看待！不要把他当玩具逗弄。

11. 一岁之前避免搬家或旅行。

12. 自己要保持宁静，避免无谓的压力。在孩子身边时不要生气，保护他不受兄姐欺负，寻找性格温和的保姆。

宝宝哭了怎么办

宝宝一哭，你会本能地想要安慰他，让他不要哭。儿童心理学者认为，有时哭泣可以让宝宝释放情绪压力，对于活动力高、情绪强烈的宝宝尤其重要。我们要鼓励婴儿释放情绪。

宝宝哭了，怎么办？首先，不要让他一个人在那里哭。如果没有身体的不适，就让他哭，但要陪着他。你可以坐在舒服的椅子里抱着宝宝，看着他的脸。如果他扭着身体不让你抱，就温柔地抚摸他，不要摇晃他。此刻你可以深深吸一口气，放松，想想你对他的爱。你可以对他说："我爱你。你很安全，哭一哭没关系。"可以和他交流，告诉他问题可能是什么，他可能有怎样的感觉。如果你也想哭，就和他一起哭。

敏感儿童有时候需要独处一下。如果这一天太长了，压力太大了，你觉得他可能受到过度刺激，那可以带他回房间，让他上床休息。你只需坐在旁边，把手放在他身上。适宜的肢体压力可以抚慰他们，让他知道你还在那里。如果孩子已经受到过度刺激了，不要试图抱他或者和他说话。

把婴儿当作一个完整的人看待！不要把他当玩具逗弄。和他说话，告诉他你要做些什么，为什么要这么做，婴儿也是人，他们的理解力比你想象的要强。

第六章 一个好的开端
安慰和回应高度敏感婴儿

平均而言，新生婴儿每天啼哭两个小时，一个半月后，每天哭三个小时；三个月后，每天哭一小时。敏感婴儿受到过度刺激时可能哭得更多，如果宝宝已经四个月大了，还是每周至少三天，每天哭三个小时以上，或者是一哭就哭两个小时的话就需要注意了。

减少刺激通常能够解决问题，如果还是不能解决的话，就要找专业人员想办法了。

有一项研究追踪表明，一出生就非常爱哭的婴儿，到一岁时仍然爱哭，是因为和母亲的依附关系不完全。研究也发现这些母亲对婴儿反应较少或不太投入，这导致母子关系越来越疏远。其中有五十位母亲接受了如何安慰婴儿，如何和婴儿玩耍的训练，她们的宝宝到一岁大开始有反应，也变得不爱哭了；他们还比较喜欢与人互动，显得更聪明，母子之间的依附关系较健全。

在这个阶段，亲子工作对体力提出了挑战，但对心智挑战不大。靠着你的直觉以及和宝宝之间的微妙互动就够了。

不要低估敏感婴儿

我们已经不记得自己的婴儿阶段了，所以就以为婴儿都不记得发生了什么，也不了解发生了什么，这绝对是巨大的错误。

我生下大儿子，出院以后暂时住在朋友家。宝宝一直哭，我抱着他、安慰他，完全没用。过了一会儿，我这位生养过六个孩子的朋友终于要求让她抱宝宝。她一抱起来，宝宝就全身放松，不哭了。她做的动作和我的没有不同，但是宝宝能感觉到她很放松，而我很紧张。

新生儿的学习能力和记忆能力其实不像成人想象的那么被动。他们记得照顾他的人，知道如何与这些人相处。他们具有绝佳的内化记忆能力——无意识的、不用语言的记忆。敏感成人具有较强的内化记忆力，敏感婴儿必然也是如此。

婴儿会认得并且喜欢父母的脸和声音，相较于母亲的声音，婴儿不

因此，母亲的反应是最重要的，宝宝了解你的情绪，
同时也要知道你了解他的需要。

太会辨认父亲的声音，因为他对母亲的声音识别能力可能从胎儿时期就开始了。随着时间推移，他的学习能力也逐渐加强，到七个月的时候，就会变得非常明显。

无助的婴儿需要成人照顾他，因此，出生后最重要的学习就是辨认各种情绪线索，做出面部表情。了解面部表情是所有灵长类动物的特长，灵长类动物的皮肤都由肌肉联结，脑部有用于理解细微表情的区域。人类的婴儿很早就能辨识脸部和表情。事实上，他们特别喜欢看人的脸。孩子最喜欢看的就是父母的脸，喜欢从父母的表情中学习并获得肯定。你要向他传达信息，类似"这种声音可以吗？""你喜欢我的轻声细语吗？"。

实验显示，如果母亲面无表情，婴儿会非常不安。如果让母子待在不同的房间，用摄影机摄录双方的表情，让他们从荧幕上看到对方，他们会像平常一样做出表情回应对方。但是如果把录影延后一点播放，让时间错开，婴儿就会极度不安。婴儿会知道不对劲。这证明婴儿需要从母亲那儿获得知识、安慰和保护，这样他才能生存。因此，母亲的反应是最重要的，宝宝了解你的情绪，同时也要知道你了解他的需要。高度敏感婴儿天生右脑比较发达，情绪和社会行为能力较强。他会注意、学习、记住你的一切。你要表达自己，用表情和话语告诉他，你觉得他的感觉如何，你的感受又是如何。

◆ **两到六个月——如何回应宝宝，又不过度刺激他**

从两个月起，婴儿就比较有反应了，会表现出快乐、好奇和愤怒。

他会注意到环境中的新元素，变得喜欢社交互动，即使是一个人独处也会咿呀学语。

这个时期的他仍然把父母当作"自我调节器"，帮助他调整情绪和生活、安慰或刺激他，决定一件事情是好还是坏，和他玩耍和给他喂食——绝大多数的事情都是母亲在做，母亲的存在异常重要。因为他很敏感，所以需要你来替他调节外部刺激的程度，这可能很难，但你可以慢慢做到。

因为，在不同的文化中，所欣赏和推崇的气质和个性也是不同的，我们最好通过和其他文化比较，去更多地理解我们的文化推崇何种气质和个性。如果发现你们的文化并不推崇敏感气质，你必须去仔细思考你所阅读的或者从其他家长那获知的育儿指导，然后决定应该如何去做，和身边的家长做法相同还是完全相反。

康州大学的查尔斯·苏泊和莎拉·哈柯尼斯有关不同文化的研究是一个很好的例子。他们在荷兰花了一年的时间，记录下荷兰人是如何养育孩子、看待个性气质的那些有趣的不同点，并且这些是如何影响到他们孩子的个性特征的。

首先，荷兰人并不那么看重个性气质，因为他们相信通过多加运用"三 R"——休息、规律和整洁（这三个单词在荷兰语中都是以 R 开头的）——所有的事都是很容易解决的。通过强调前两个单词，哈柯尼斯研究的荷兰婴儿，比同样的美国婴儿要在二十四小时内多睡两个小时。而且荷兰的婴儿们在醒的时候要远比美国的婴儿安静，不像后者那么多动。

美国婴儿更加地活跃，苏泊和哈柯尼斯认为，这主要是他们的母亲让他们保持亢奋。这些婴儿如果非常的安静或者情绪低落，家长们就会通过对话、抚摸或者用"打气"的方式让他们活跃起来。而且他们的皮质醇水平更高。（一定量的皮质醇对于生活是必需的，但是量太多太频繁并不好，这也是高度敏感儿童较常见的问题。）

苏泊和哈柯尼斯总结道：美国婴儿习惯于高强度的频繁变化的活动。

不要过度刺激婴儿

有时候，家长不知道自己正在过度刺激婴儿。他们很有趣，你可能不知不觉地就跟他玩过头了。有一个母亲总是在跟孩子玩游戏，孩子受不了经常被刺激。学会了转过头去，或者是低头、闭上眼睛，避免正视母亲的脸。这个婴儿学会走路之后，干脆自己离开房间，后来他变得尽量避免和人有亲密接触。另外一个年龄、状况相似的婴儿没有选择逃避，而是学会了听话。他就这样呆呆地看着天空，被动地接受一切。这些都是受到过度刺激的敏感儿童可能采取的对策。

家长也可能因为种种其他原因过度刺激婴儿：敌意、控制欲、不敏感、过度在意婴儿对他的排斥等，不了解婴儿的敏感特质也算另一种原因。

现在你知道婴儿的典型压力特征了：啼哭、转过头去、低头往下看、紧紧闭上眼睛、呆呆看着半空、不开心的表情等都是。婴儿需要在私人空间和人际亲密之间达到平衡，他必须学会在满足自我需要和他人需要之间自在转换。

你也需要提醒自己，不要过度保护孩子。让敏感的他接触一些压力可以降低未来受到刺激时的反应。成人需要为他们提供适量的刺激和挑战。何谓适量呢？你需要注意他能接受多少刺激、哪些刺激有效。一开始只是尝试，渐渐地，孩子会越来越喜欢你给他的刺激，也会越来越安静了。

六个月时的睡眠问题

六个月大的时候，许多敏感婴儿比一般婴儿更难入睡。他们的觉察力更敏锐了。这个年纪的婴儿中，大约有四分之一睡不安稳。

怎样才算正常的睡眠呢？随着成长过程，婴儿的睡眠问题在前半年往往不减反增。五个月大时，半夜 12 点到早上 5 点之间，只有 10% 的婴儿会每周超过三次醒来。到了九个月大，有 20% 的婴儿会醒来。之后，整夜熟睡的比例才开始攀升。

过度刺激往往是造成失眠的原因，你必须注意是否存在这个问题。他睡不好，可能是睡前噪声或刺激太多，或是夜晚噪声太多。我不喜欢让婴儿哭着入睡，毕竟他们只是在表达不想被抛弃的本能。要婴儿压抑住这种本能必然极为困难，然而，太过敏感的孩子可能会觉得你的安慰都太刺激了，如果这样的话，让他在黑暗中哭着入睡可能是唯一的解决之道。

我儿子六个月大的时候，非常难以入睡，我们都极度缺乏睡眠。有个晚上，我们把他放在小床上任由他哭。那天，房东正好在院子里开派对。她跑来抗议，说宝宝的哭声已经影响到她的客人了。

怎么办呢？如果我们去安抚儿子，他就会觉得"只要我一哭，爸爸妈妈就会投降"。我们想到一个简单而奇怪的解决方法：我们用被子盖住婴儿床，遮住哭声，只留一个缝让空气流通，他马上就睡着了。

之后，我们搭了个帐篷，里面放个小床垫，帐篷上面又铺了很多层毯子，留个缝隙让空气流通。宝宝睡在里面，听不到外面的声音，看不到光线，感觉受到保护，他总是马上就能入睡。

后来不管到哪里旅行，我们都带着这个帐篷。那是他熟悉的洞穴，他可以在里面获得安然的感觉。这种习惯持续了很久，连他大学宿舍房间也放了个睡觉的帐篷。

其他解决方法

如果孩子一直睡不好，医生有时候会建议使用温和的安眠药物。你也可以问医生能不能使用洋甘菊茶代替，记得无论使用什么药物都要遵医嘱。

有的医生则建议让孩子躺在你的怀中哭着入睡，但这也需视情况而定。因为有的孩子静不下来时，抱着他只会使他更激动。

◆半岁到一岁：依附关系、步调一致和自我调节 \\\\\

十个月左右的婴儿不喜欢被陌生人抱，甚至不喜欢看到陌生人。敏感的婴儿可能从小如此，这时情况更严重。他会比较已有经验，决定是否熟悉，是否安全，是否有过类似情况，是否可以轻松地去熟悉它。他也会将你的反应作为参考。

这个年纪的婴儿已经会爬了，甚至开始走路了，你的面部表情就是他的主要参考。实验显示，在透明亚克力地板上爬行的婴儿，爬到有高度变化的"视觉悬崖"边缘的时候，会看看他的母亲。如果母亲微笑，婴儿就会继续爬。如果母亲皱眉头，他就会停下来。他们看自己的母亲，而不看房间里其他的人。他们知道谁在乎他，谁照顾他。

这个年纪的婴儿会信任少数照顾他的人，并形成紧密的依附关系，对别人则会小心谨慎。他很清楚从照顾他的人那里会得到什么反应。

高度敏感婴儿的依附关系

所有的婴儿都会对身边的亲密关系有所期待，形成依附关系。这个依附关系的模式从婴儿期开始，一旦形成，很难更改。人的一生依照这个模式有所期待，影响所有的友谊和婚姻关系，影响到一个人的人生观是乐观的还是悲观的，也微妙地影响着一个人的身心健康。

依附关系对敏感婴儿的影响甚大。大约40%的依附模式来源于缺乏安全感。高度敏感者也不例外，但是受到的影响更严重。

如果敏感儿童觉得依附关系很安全，遇到新环境或高度刺激时，他或许一开始会像典型的敏感者一样被吓到，但是接着就会安静下来。如果他觉得依附关系不安全，就会产生严重的被威胁感。依附关系让我们在面对陌生危险的环境时，知道向谁寻求保护。高度敏感者的本能就是会注意到危险，觉得一切都要靠自己。如果他感到随时可能完蛋，那每件事情都变得很可怕，并且没有希望。研究显示，拥有幸福童年的敏感成人并不比一般人更焦虑或更忧郁，反之则不然。若是希望敏感儿童成长为健康快乐的成人，婴儿时期为他们建立起安全的依附关系显得更为重要。

不同的依附关系模式

缺乏安全感的家长容易养出缺乏安全感的儿童。幸好，父母及时觉察会有所帮助。对照以下不同的依附模式，你可以了解自己属于哪一种。

对依附的关系具有安全感的人预期别人会爱他、喜欢他或照顾他。他和人亲近时觉得安全，生活处世觉得安全，好像在不远处或是在他心里有一股温暖的宁静，能将他的心灵与另一个人的亲密关系连接起来。

缺乏安全感的依附关系有两种：一种是焦虑依附，这种儿童很黏人，害怕独处，害怕不被爱或者被抛弃，总是要粘着不放。焦虑模式往往来自不可靠的家长，如果婴儿的需要有时获得满足，有时没有，他就会一直在担心如何争取父母的照顾。

如果家长不想要这个孩子，忽视他、虐待他、过度刺激或伤害他，他就会形成另一种缺乏安全感的依附关系：逃避。逃避型的婴儿会尽量减少和家长的接触，无法放松自己去探索新环境，因为他们必须随时注意是否会有麻烦，如何获得照顾。他们会试图自保，不爱流露情绪，成年后会避免形成亲密的或彼此依赖的关系。

建立安全的依附关系

敏感婴儿注意到每件事情，很容易紧张起来，因此环境必须有些

若是希望敏感儿童成长为健康快乐的成人，婴儿时期为他们建立起安全的依附关系显得更为重要。

父母必须基于孩子的需要，而不是基于自己的恐惧和压力给予孩子适当的回应。

限制。父母必须基于孩子的需要，而不是基于自己的恐惧和压力给予孩子适当的回应。大部分父母出于直觉就会自动调整自己的行为，但是有几个地方还是需要特别注意。

首先，第一年的时候，尽量不要让婴儿和主要的照顾者分开几小时以上。如果你雇佣保姆，尽量用同一个保姆，不要经常换人。实验显示，出生即独处长大的猴子，成年后无法交配，常常和其他猴子打斗，还会撞头、自残或暴饮暴食。和母亲分开时间较短的猴子长大以后行为表现正常，只有压力太大的时候才会焦虑。

你也需要尽量减少自己和身边所有人的压力。实验显示，如果猴子的母亲得到的食物分量不稳定，她的小猴看似正常，但是成年后也比较胆小、害羞、容易依赖任何一个他找得到的成年猴子，而且和没有母亲的猴子一样，有焦虑和忧郁的症状。

最后，敏感儿童特别需要被有弹性地照顾，需要温暖和支持，更需要父母对孩子有反应。如果母亲愤怒、处罚孩子、对孩子不理不睬、缺乏弹性的养育技巧，孩子就会缺乏安全感。

◆步调一致

对六个月到一岁的婴儿，第二个重要的影响就是步调一致，这也是形成依附关系最重要的力量。步调一致指的是那些细微的互动，当婴儿表达情绪时，比如兴奋、恐惧和高兴，母亲也做出相应的回应，表示了解他的意思了，而且能够具有同理之心。这样的亲子互动可能每分钟都

第六章 一个好的开端
安慰和回应高度敏感婴儿

在发生，不论是安静的时候，或是婴儿探索新环境的时候。

在所有的年纪，步调一致都很重要，但是在这个阶段尤为重要。九个月大之前，婴儿发出声音表达情绪，你会用同样的声音回应他，他说"呜啊"，你也说"呜啊"。他说"嘎嘎"，你也说"嘎嘎"。九个月大以后，你可能用不同的方式回应他，如果他把脸挤成一团，你可能不会把脸挤成一团，而是发出一些适当的声音回应他。他抬起头笑，你可能会说："好棒哦，对不对？"你的表达方式和他不再一样了，但是情感的强度、能量和节奏还是会很相近。步调一致的行为让婴儿感觉到你真的在现场。如果步调不一致，婴儿也会没安全感，因为那样的看护者并没有对他的恐惧或焦虑做出迅速反应。

在这个年纪，你可以用不同的方式回应婴儿，让他明白，你不只是在模仿他的行为，而是你也有同样的情绪。"妈妈现在跟我的感觉一样"，这些短暂但是重要的时刻能让亲子关系达到更好沟通——彼此分享经验，而不试图改变对方的想法或做法，这对婴儿情感世界的发展非常重要。

从不同步中学习

一般而言，同步经验是不知不觉发生的，婴儿和母亲都不会觉察。如果要求母亲对孩子做出较多或较少的回应，他会立刻停下来，看着母亲，好像在说"发生什么事情了？"。大部分家长发现其实很难做到不同步，无论是自己还是孩子都很难做到。

研究者同时也观察到，家长也会有和孩子不同步的时候。没有人能够一直理解别人的经验。有时候，家长也会通过刻意不同步来刺激孩子。家长们也会选择性同步，跟孩子沟通他们的恐惧、不悦或幻想。例如家长可能不会和孩子一样对弄脏衣服的行为表现出兴奋的情绪，但他们可以向孩子表达自己的赞同或不赞同。

身为敏感儿童的家长，你可能会经历到某些特定的不同步。你可能希望孩子更坚强或更快乐，因此未能完全尊重他的不舒服或者恐惧。如此一来，不舒服或恐惧就积累成无法表达、无法分享的情绪，这些不被接受的情绪很难让孩子独自消化。

即使还是婴儿，敏感儿童对失望或做错事情就已经很敏感了，如果你只对安静、服从的行为同步，孩子可能会变得异常听话。即使你不那么赞成，对他们也不要太严厉。如果你不想让婴儿唯命是从，至少留一些空间让他抗议、让他表达不满，甚至要鼓励他表达这些情绪。

这些觉察可以让你成为更敏感的家长，更能及时对孩子做出回应。如果你觉得很难与孩子同步，就试着了解自己为什么想改变孩子的行为。

独　处

当然，我们并不需要随时让婴儿有人际互助。研究显示，独处让脑部意识到自己的存在，得以重新建立平衡。敏感的婴儿就像敏感的成人，需要更多的时间独处，因为他们喜欢深刻地、彻底地处理所有资讯。敏感的婴儿往往表示希望独处，所以你需要和他同步，了解他何时需要独处。依附关系里的安全感不是靠相处时间的多少决定，而是由照顾者对婴儿的需要是否适当地回应。婴儿想要独处的时候就让他独处，这样会让他更有安全感。

独处时，孩子可以想到你，知道你虽然不在眼前，却仍然存在。这也会增加他的安全感。再者，等到他需要你的时候，他会呼唤你。因为，他必须独立地去了解到自己的感觉，知道如何采取行动，知道他的行动将会带来何种反应。

第六章 一个好的开端
安慰和回应高度敏感婴儿

自我调节

第三个重要影响就是从十个月左右开始，孩子会形成持续终身的自我调节。他越来越知道自己的情绪有些什么选择。他会注意到什么有效，跟你的同步经验让他发现，有些东西不好吃，他不想一饿就什么都吃，在面对又大又可怕的东西时父母不要显露出害怕的情绪，或许对孩子而言，这些可怕的大东西其实很有趣。

敏感儿童拥有这些经验都异常重要，因为这表示他们可以摆脱自己的"三思而后行系统"，或是"勇往直前系统"的控制了。他们会因为陌生而谨慎，但是仍然有魄力采取行动，这让他们更有弹性。当敏感儿童能够自我调节时，就能够控制自己的天生谨慎性格，不至于陷入恐惧。

自我调节的来源

某部分的自我调节能力是天生的。具有高度理解能力的儿童自我调节能力也超强，因此，敏感儿童也常具有较强的自我调节能力。孩子也会从父母那里学习自我调节，他从你的言传身教中学习，也从你对他的选择性不同步中学习。他会理解你的赞许，模仿你的行为。他从你身上学到，听到很大的声音时可以遮住耳朵，或是从你的微笑中学到他也可以摸摸兔子而不用害怕被咬一口。

这时候，你会看到同步行为的正面影响。如果你用同步行为鼓励孩子探索，孩子就不会被自己的谨慎个性限制住。如果你不鼓励他探索，孩子到了十个月大，很可能已经过度压抑自己了。

依附关系会影响同步行为。缺乏安全感的敏感婴儿，很少感觉到父母的同步反应，或是总是感到不同步，因此无法发展出良好的自我调节能力，他会被困在"三思而后行系统"中，因为他面对挑战时缺乏支持。

◆最后的提醒＼＼＼＼

要记得，没有哪一对父母能随时随地地回应孩子。有时候，你就是搞不懂如何帮助孩子入睡，不了解他为什么哭个不停。没有任何父母总是能跟孩子同步。有时候，我们真不知道孩子需要什么；有时候我们知道，但是因为太累而难以做到；有时候，我们的价值观和文化导致我们无法同步。换个角度想，完全的同步会形成过度融合，孩子会失去独自体验属于他个人的、隐私的、独有的情绪的机会。只会拥有你和他共享的情绪也不完全是好事。

最后，没有父母可以成为自我调节的完美模范。面对过度刺激的敏感儿童时，家长更难做到很好的自我调节。你可以往好的方面想：婴儿是很麻烦，敏感儿童更麻烦，但是短短十年后他就长大了，他可以变成你的好朋友。所以，就从现在开始视他为你的好朋友吧，在这个年纪，亲子之间如果拥有一段甜蜜而亲近的时光，将深深地影响父母和子女的一生，尽量享受吧。

· 第七章 ·

家有幼儿
适应改变及处理过度刺激

本章讨论一到五岁的幼儿，如何协助孩子适应改变，如何降低非必要的过度刺激和如何处理强烈情绪。还会特别讨论一两岁的幼儿，针对特定议题提出建议。例如选择衣服和食物、穿衣、入睡、乘车等。

敏感儿童的最大问题就是过度刺激，而最大的刺激就是家居生活的改变。不论是尝试新事物、改变日常作息、等待太久、玩到一半要吃饭了或上床了，或到保姆家里去、换新的保姆等事情，最后总是导致孩子的抗拒和不快乐。意外的发展、突然的改变、新的经验和新的要求对敏感儿童都是巨大挑战。

◆调适变化＼＼＼＼＼

　　每个改变都将带来一堆的信息，难怪敏感儿童都感到困难了。站在孩子的角度想想：对他们来说，所有事情必须重新评估，新的挑战也对他们的信息处理能力和应对计划提出更多挑战。

　　改变可能是从一个熟悉的人、地方、活动或物件转移到另一个熟悉场景，更可能转移到新的场景。有些敏感儿童同时也喜欢新奇刺激，喜欢新经验，但是调适仍会是一项挑战，因为实际状况可能会比他想象的更为刺激。

案例

爱丽丝的故事

爱丽丝三岁，一点也不羞怯，会向别人表达自己的喜恶。她喜欢同样的椅子，同样的衣服和同样的食物。她不喜欢陌生人到家里来，更不喜欢这些人碰她。她不喜欢陌生人盯着她看。母亲坚持要她跟客人打招呼。她就手举起来放在脸上，假装是眼镜，以避免直接被看到。她上幼儿园时，前几个月都不肯说话。在家里和朋友玩的时候话却多得不得了，还会开玩笑、唱歌和表演呢。

爱丽丝会留意突然的或不愉快的事情，她会注意到别人的反应。如果有其他小孩被处罚，她就会努力表现，好让自己不要犯规。如果老师让其他小孩坐在老师腿上，她就会宣布自己不喜欢坐在别人腿上。她从来不发脾气，表现得非常"成熟"。但是她知道自己要什么，懂得坚持。她母亲说："她的智慧超过她的年纪。"其他高度敏感儿童不见得都像爱丽丝个性这么强，但也都不喜欢变化。

如何协助孩子调适变化

虽然不喜欢变化，敏感儿童却必须学会适应。生活并非一成不变，而是充满了新的挑战。我们要如何协助他们适应变化呢？

1. 对于敏感儿童而言，改变具有很大挑战性。你的孩子并不孤单，也不是异常。我的研究对象中，兰德尔很晚才放弃尿布和奶瓶，家长必须不断地鼓励他。爱丽丝不喜欢新衣服。改变都会带来新的刺激，而敏感儿童又容易接收到特别多的讯息。新的食物不仅是新的食物，同时也有一些奇怪的味道和奇怪的触感。

2. 相信你的孩子最终会接受改变。你可以把新衣服放在床上让他逐渐熟悉，可能过几天他就肯穿了。有些适应需要更多时间。爱丽丝喜欢吃冰激凌和巧克力酱，可是不肯把它们放在一起吃，她一时之间不会改变心意，但谁能保证过几年会怎样呢？也许就肯了呢。

3. 当你知道会有改变时，请提前帮孩子做好准备。让他保持在健康、强壮、睡够和吃饱的状态下接受改变。在这个年纪，几乎所有的行为问题都有生理原因——累了、饿了、快要感冒了、耳朵痛、过敏、太热、太冷、太渴等都可能影响到他。这些情况发生得很快，对敏感儿童的影响也更大。父母应该调整自己的期望值。

为了保证健康，父母一定要让孩子多运动和亲近大自然，尤其要注意关节的运动。例如：跳绳、在床垫上跳来跳去等，这些运动能让孩子熟悉自己的身体。

4. 孩子心情不好的时候，不去要求他适应改变或压力。可以等他情绪变好之后再说。

5. 不要高估孩子的能力。敏感儿童看起来非常成熟，家长容易忘记他其实还很小。例如，孩子不一定真正懂得生活改变的原因，他们的心理压力可能很大。例如，他们会以为爸爸离开或小狗死掉是他们的错。这个年纪的孩子还不会分辨幻想和现实。敏感儿童擅长思考，也更容易受到这些想法的影响。他们不容易明白：改变和情绪都不会是永恒的。你不在，他觉得难过，在他看来，你好像是永远不见了，他的伤心好像永远也不停止。敏感儿童感受尤其深刻，常有"此情无尽时"的失落。

6. 一般而言，你越是不逼他，他可能越早愿意改变。他知道需要改

第七章　家有幼儿
适应改变及处理过度刺激

143

变，父母不逼他，他就不需要在恐惧改变的同时再承受你要他改变的压力。你们也不会因此陷入斗争模式。

7. 不要让孩子有无力感。过度刺激常常让孩子觉得无力。"事情违反我的意愿，我没办法阻止。"无力感对自我意识绝对不是好的影响，幼儿需要觉得自己有影响力。敏感儿童可能会暗忖："我受不了这种情形，我可能会失控。"

重建信心的一个方法是让孩子选择何时及如何改变。"关灯之前，你要我读故事还是唱歌给你听？""你想在吃饭以前玩玩具，还是等下再收？"但是不要给他太多选择，一次只给两个选择——比如"你要穿裙子，还是穿裤子？"然后再问"你要穿这件裙子，还是那件？"

新的食物或衣服也会引起其他问题。食物和衣服都和身体直接产生关系，可能引起不适，父母要再三向孩子保证，你不会硬逼他吃，逼他穿，或逼他做任何不舒服的事情。只要和他分享你以前适应新事物的经验就好了。

8. 知所先后，近乎道矣。不要一下子做过多改变。这个月努力适应新床，下个月再努力戒掉奶嘴，渐渐地孩子就适应变化了。

9. 父母可以试着用游戏让孩子放轻松。如果孩子过度抗拒改变，总是在说"我不喜欢怎么办？""我不会，我可能做错。"编故事、玩想象游戏、鼓励玩耍，包括需要快速做决定的游戏、会弄得脏兮兮的游戏等等；你也可以让事情暂时没有定论、令人迷惑或乱七八糟；你可以让他把身体弄湿、弄脏，不要急着整理干净。让这一切充满幽默和创意，但是不要取笑孩子，也不要拿他跟其他孩子比较。

他知道需要改变，父母不逼他，他就不需要在恐惧改变的同时再承受你要他改变的压力。

◆顺利转换环境＼＼＼＼

我们经常需要从一个熟悉的活动转移到下一个活动。转移活动需要孩子处理很多新信息。晚餐时间到了，厨房传来陌生的气味，孩子可能正在玩很有趣的游戏，乐在其中……以下的建议乍看好像是你在做所有的工作，但是他会慢慢学会这些步骤，其实等于是你在教他适应的技巧。

1.事先给孩子警告。"再五分钟""再等一分钟"，用计时器，让孩子看到时针转动。时间到的时候要坚定执行。

2.尽量保持延续性。"如果你想的话，可以把卡车带到餐桌旁边。"虽然厨房传来的气味不熟悉，你可以指出你煮了什么熟悉的食物，你也可以告诉他吃完饭游戏还会在那里，不必害怕没有玩的。

3.提供值得期待的事。比如发出"你出来以后，我们擦干身体，喝一杯热巧克力，然后上床"等诱惑。

4.让事情幽默好玩。你可以一边爬着进卧室一边哞哞叫，说自己是"送小朋友上床睡觉的牛"。

5.用办家家酒的方式转移。用洋娃娃或绒毛玩具演戏，"小朋友还在玩，可是晚饭已经好了耶，怎么办呢？"

6.给他选择。"你要我帮你擦干，还是你要自己擦干。""你要我说故事，还是陪你唱歌。"这个方法可以让孩子觉得不那么无聊，也不易产生抗拒心理，这样不但可以节省时间，也可以建立他的自信。

◆过度刺激＼＼＼＼

过度刺激来自改变，也来自太长太累的一天：他会经历过多的噪声，过多的事情。孩子早上睡饱了起来，像是汽车加满了油，每个经验用掉

一点油。想一想，油量低了或者用完的时候会怎么样？

以下是一些建议：

1. 学习辨识过度刺激的迹象。每个孩子受到过度刺激表现的迹象也不同，但通常会包括过度兴奋、容易发怒、揉眼睛、喊叫、抱怨、饿了却拒绝吃东西等。

2. 好好休息。如果有充分的休息时间，孩子会很快恢复正常。

3. 减少不必要的刺激。尤其如果一天中发生了很多刺激的事情，你就要特别注意。

4. 尽量提供缓冲刺激的方法。比如在户外活动使用驱蚊剂，看焰火使用耳塞，或去沙滩准备干的换洗衣物等。

5. 让别人照顾孩子时。要求他留意孩子受到的刺激量。接孩子的时候，第一时间沟通孩子都做了些什么活动，借以评估他还剩下多少能量。

◆处理强烈的情绪

敏感的心灵会注意到很多事情，他们因此思考，再产生情绪反应。想得越多，反应就会越强、越复杂。可能他们先会害怕，然后痛恨这件事，接着是生气，开始担心别人的评价，最后想到这件事的优点，自己也想要……

作为敏感儿童的家长，你的工作是试着觉察这一切。你需要了解他的感觉并且指出来并解释：恐惧、爱、喜悦、好奇、骄傲、罪恶感、愤怒、哀伤、绝望等等。你需要注意，孩子的种种情绪里，哪些是你擅长处理的，哪些是你容易忽略的。比如如何表达爱，比如如何克服恐惧或哀伤。

孩子哭泣、尖叫、害怕得发抖时，你需要保持冷静，安慰他："我知道你很难过，很生气，很害怕。"孩子才不用一个人独自承受。

对孩子的情绪有同理之心，让孩子不会认为自己的世界瓦解了，让他知道你了解他的感觉，但是你没有受到他的情绪感染，你没有因此而变得

> 但是你是成人，你可以控制自己的行为，这正是
> 你希望孩子学习的能力。

害怕、生气或伤心。即使你心里很激动，还是要保持冷静。如果你也崩溃了，孩子状况只会更糟。

你也需要提醒孩子，不好的状况不会一直持续。"我知道你的脚难过极了，我也讨厌鞋子有石头，我们走到那边去就可以把鞋子弄干净了。"你要接受孩子的感觉，同时也提醒他接受现实。

如果孩子用夸大的感觉来操控你，要记得，他只是个小孩，你还是主控的一方，他夸张情绪的背后一定有原因，你要去了解那个原因。

这个年纪的孩子很容易因为父母的反应而产生强烈情绪。假设你在电梯里，手上提着菜，两岁的孩子非要帮你拿钥匙不可。你看到他注意到了电梯门边的缝隙，他看看那里，又看看你，再看看钥匙，在你绝望地喊"不可以"的同时，他已把钥匙丢了进去。他其实并没有恶意，这只是个实验。不要期待两岁大的孩子像成人一样思考。此刻，你必须控制自己的怒气。因为敏感的孩子已意识到自己犯错了，这种犯错带来的自责和羞耻感对他已经够了。如果他下次再把沙发弄脏，不要大吼大叫，因为人始终比东西重要。

怎么做才好？

1. 孩子失控了，你更要控制自己。你的身体会有不好的反应，你想要破口大骂、想要投降、想要放弃、想要不管了、想要哭……但是你是成人，你可以控制自己的行为，这正是你希望孩子学习的能力。你的方法是花几秒钟，深呼吸几次，然后专心做该做的事，比如和孩子产生共情，让他恢复冷静。威胁、孤立、处罚不会让你们产生联结，只会让他

更激动。

2. 注意力集中在你的目标上。和你的孩子交流，使得她回到平静的状态。

3. 如果你必须控制或移动孩子的身体，请温和地碰触他。不要用力拉扯和摇晃他。

4. 冷静地对孩子说话，不要吼叫。不管他做什么，父母都要保持坚定温和，不要反应过度。不要跟孩子争论，甚至不要讨论，此刻他什么也听不进去的。你要有讲道理的姿态，这比言语还更有用。你只指出事实："你现在很生气，我们要去别的地方谈一谈。"这样就够了。

5. 找到隐蔽的地方后——通常是一个灯光柔和、安静的房间，你可以让孩子选择独处，或者有你陪着一起安静下来。如果他要你陪，就留下来陪他；如果他愿意的话，你可以抱着他，让他哭叫一会儿。

6. 如果孩子愿意的话，请抓住孩子的手。做任何可以驱散愤怒的事情。可以让他尖叫和哭泣一会儿。如果事关他无法获得或者去完成某件事情，对他说"我知道你对此很生气……"

7. 如果孩子无来由地哭闹，试着找出背后的原因。是因为过度刺激吗？是因为你的情绪吗？孩子是否在用发脾气来吸引你的注意？或者，他的怒气来自此前的伤心或害怕？蹲下来看着他，猜一猜："你要我多听你说话吗？你是因为不能买那个玩具而生气吗？有人打你吗？我说了什么让你担心吗，还是你想回家了？"一次问一个问题，给孩子足够的时间思考，等他点头。如果他都不理你，就停下来。猜得对不对并不重要，至少孩子现在不尖叫哭闹，而是在思考了。

8. 预防重于治疗。父母应尽量注意孩子快要受不了的讯号，避免发生不愉快。你应了解什么事情会惹他发脾气——可能是不带他去散步、让他一直等待、食物不合他胃口、不让他自己开门等。意识到这些问题，你就尽量避免再次发生。大一点的孩子较能够控制脾气、忍耐挫折，小一点的孩子则有些欠缺，毕竟不久之前他还是小宝宝，什么都被

> 坚持标准。不随意改变标准可以令孩子安心。重申规定，弹性执行规定。

伺候得好好的。

如果孩子继续发脾气

1. 如果孩子一直发脾气，停不下来。那你要控制你自己的脾气，孩子不是在排斥你、操控你或是想要伤害你。他就是失控了，如果你无法冷静，就先休息一下，找其他成人帮你看孩子。

2. 你也可以不说话，去尝试其他方法。喝口水、散步、到外面去跑一跑、玩一玩、睡个午觉、尝试转换感官体验：洗个泡泡澡、听音乐、玩黏土或者玩水、按摩背部、荡秋千、腹式呼吸……这不是宠溺孩子，而是降低他的紧张感。之后，你可以和他讨论发生了什么事情，什么行为不可以。

3. 坚持标准。不随意改变标准可以令孩子安心。重申规定，弹性执行规定。你可以说："我知道你很生气，但是你不可以打人。你可以说我不喜欢你。"如果孩子真的打你，保持冷静，坚定而温和地抓住他的手，说："你不可以打人。"

4. 不要轻易为了孩子发脾气而处罚他，等到你们都冷静下来以后再说。如果是因为过度刺激引起的问题，你会发现，孩子跟你一样无法相信自己发了这场脾气，这时你不需要处罚他。你们可以讨论下次如何避免同样的事情再度发生。

5. 让孩子独处，但是不要用这个作为处罚。许多家长发现，罚孩子独处会对孩子形成过多压力，最好待在孩子附近，或是抱着他。不过，有时候独处确实可以让孩子冷静下来。一定要让他明白，你不是在处罚

第七章 家有幼儿
适应改变及处理过度刺激

他，而是让他冷静下来。"我们在沙发上静一静吧。""你一个人静一静吧。""你可以和我待在这里，或是去自己的房间玩。"

6. 看远点。研究发现，这个年纪的孩子如果能够哭泣、发脾气，长大以后会更有信心，也较少出现行为问题。

7. 不管发生了什么，你要当孩子永远的盟友。他也不想发脾气，但是他确实想要某个东西或某件事情。你可以和他讨论如何用其他方式表达，也讨论一下如果发脾气，他希望你如何处理。

攻击其他孩子

敏感儿童不常攻击其他孩子，但是其中少数孩子天生个性强烈、适应力弱、坚持度高、活动力强、容易感到挫折。也有些孩子目击暴力行为后就有样学样，或是发现愤怒的力量可以让别人停止刺激他们。

有些孩子受不了压力——如家长的过度期待——就会崩溃。有些孩子受到过度保护，无法处理挫折。过于担心的家长会让孩子无法接受任何的不愉快。这些孩子在受到刺激时都可能突然爆发。

电视上的暴力行为也会影响儿童，他们可能以为这就是解决问题的方法。如果他们精力充沛的同时又感到百无聊赖，就可能出现暴力问题。

无论基于什么原因，孩子会愤怒是因为他的天生气质和个性与环境不相容。

试试以下方法，或许会有帮助：

1. 教孩子向大家表达自己快要受不了。如果你看出不对劲，就说："如果你因为某件事情不高兴，请告诉我们怎么回事。"你也可以去猜一猜，"你饿了吗？你因为吉姆拿了你那个玩具而生气吗？你想回家了吗？"之后可以跟他说："下次不要等到这么生气，早点告诉我们你想回家了。"

2. 教孩子学会安抚自己。例如走开、数到十、请人帮忙或告诉对方"你让我不舒服"。

3. 教孩子表达愤怒之情。讨论哪些方法可以用、哪些方法不合适、哪些方法要看情况使用等。跟孩子一起讨论、演练，通过玩角色扮演的游戏学会释放情绪。

4. 你还需注意一下，孩子从哪里学到暴力行为。家里、同学、电视？你或许无法断绝这些资讯渠道，但是可以跟孩子讨论什么样的行为会有什么样的后果。

◆关于一两岁的孩子

一岁左右，孩子开始走路，也开始了解语言。高度敏感儿童会注意到语言背后没有说出口的讯息，例如语调和手势。

我们都知道，一个人说的话不一定代表他的感觉，或是他真正想说的话。有时候，我们嘴里说"不要"。可是我们的音调和表情在说"好"。高度敏感儿童需要学习如何解读这一切，你也需要学习如何做个诚实而体贴的成人。

在帮孩子做决定之前，你需要先问问孩子的意见。你需要记得，只要有孩子在场，你就不能随便乱说话了。

进食问题。母乳当然是最佳婴儿食物。大部分的婴儿会自动断奶。你不需要急着帮他断奶。给他新食物的时候，要慢慢来。

吃饭是你展示同步的最佳时机。如果孩子不喜欢某种食物，要尊重他。进食问题通常是父母有问题——坚持要孩子吃他不喜欢吃的东西。

如果你想让孩子尝试其他食物，可以表现出自己多么爱吃的样子，试个几次，然后等待孩子转变心意。

首度分离。第一次分离时，很难预料孩子的反应。年纪很小的孩子会本能地抗议。如果过了一小时，他还是在哭的话，我会投降，不再轻易地离开他。我认为，孩子三岁之前应该尽量避免与主要照顾者分离。这三年的付出将换来一个更独立的孩子。

为什么要这么小心呢？对孩子而言，尤其是高度敏感儿童，分离是创伤经验。艾米利欧的弟弟出生时，妈妈住院十天，由艾米利欧的父亲照顾他。艾米利欧从此害怕与母亲分开，直到六岁还怕。

如果你必须让另外一个人长期照顾孩子，要有心理准备，孩子可能和这个人产生很强的依附关系。我儿子快三岁的时候，我让我的母亲照顾他一整个月。等我去接他的时候，他们的关系变得非常密切。当他有需要的时候，不知道要找外婆还是找我。

教他学习使用马桶。换尿布时千万不要露出恶心的表情，敏感的孩子会从你的表情学到厌恶的情绪反应。也千万不要给孩子灌肠，这种失控与被侵入的感觉非常难受。这些都会使如厕训练变得复杂。

敏感儿童非常愿意配合，成人很容易就太早开始训练他。有些孩子变得极为焦虑，需要较长的训练时间。一般而言，多等一等。等到孩子自己要学用马桶时再开始不迟，这可以省下许多麻烦。不管你多晚开始，孩子总不会等到二十岁还穿着尿布吧？

高度敏感儿童通常不喜欢穿着湿尿布，应该会很高兴使用马桶，但是一开始穿内裤的时候，他又会觉得不习惯，还可能嫌儿童马桶太硬太冷，成人马桶冲水的声音太可怕。他们可能需要隐私，喜欢躲起来上厕所，或是不让大人陪，于是不容易教导他。他们可能不好意思说自己想上厕所了，可能会拖到便秘，然后因为上厕所会痛而不愿意。

最佳训练方法就是把马桶放在明显的位置，让孩子全身光溜溜的：气氛轻松、随意自在，不要有别人在场，就你们两个人。

如果你觉得孩子和你在进行权威拉锯战，就不要急着训练他。先想一想，你可以如何给他更多权力，让孩子在某方面觉得自己能够控制大局。

玩弄生殖器。大部分婴儿十个月大的时候会发现自己的生殖器，并开始玩弄它。倒不是为了性快感，而是基于好奇及舒服的感觉。他们抚摸自己，就像抚摸母亲的乳房一样。一岁半之后，有些婴儿似乎真的可以感觉到自慰的性刺激，会刻意地抚摸自己、刺激自己。

如果你忽视他自慰的行为，不跟他协同，但是在其他方面跟他协同，他就会明白你不赞同这个行为。但是，任何性探索都是自然的发展，包括探索性器官，以及自慰带来的愉悦。这些学习将受用一生。孩子可以学习将性和安全的依附关系联想在一起，或将性和与人的亲近感联想在一起，而不是与沉默联想在一起。关于在这一点上，你得考虑个人价值观及社会文化，但是我个人认为正面回应比不理不睬来得好。因为不理不睬通常意味着否定。让孩子知道，自慰没有什么不好，但是应该在私底下做。

至于发脾气，两岁的高度敏感孩子并不会特别难带。我甚至觉得他们可能更容易带。不过，太累或太受挫的话，他们确实可能变得非常歇斯底里或者愤怒。

◆ 日常问题

让我们看看一到五岁儿童的日常生活问题。

噩梦。这个年纪的儿童都会做噩梦。孩子会梦到被抛弃、被攻击。这是他们生命的最大威胁，你可以安慰他说，他非常安全、你非常爱他，那只是一场梦。

终其一生，敏感的人都会有比较强烈的梦，因此，你可以协助孩子接受这些梦，甚至妥善利用梦境。早上醒来时讨论梦境，可以驱除噩梦的阴影。或许你还可以跟他解释，为什么会做这样的梦，例如前一天发生过什么可怕的事情，你也可以教导孩子，他们可以从梦境中学习，噩梦是在提醒我们注意自己在烦恼什么，也帮助我们练习如何面对恐惧。

如果梦不可怕，而是有趣，你可以运用一些解梦技巧，例如："我在想，为什么熊会出现在你的梦里？""熊代表了哪种你想要的特质呢？"或是"我在想，为什么仙女要让你注意到她呢？""如果你跟她说话，你想她会说什么呢？"

我认识一个家庭，每天早上都会分享彼此做的梦，他们不会去"分析"这些梦，只是分享彼此内在的旅程。

看电影、电视产生的恐惧。大部分的高度敏感儿童会很害怕故事、电视及电影里恐怖或伤感的情节。媒体不会顾虑到孩子的需要。你可以保护自己的孩子，可是他在外面还是会看到。或者，你希望孩子看《小鹿斑比》或《胡桃夹子》。但是其中令他害怕的部分怎么办？

告诉你的孩子：他可以控制自己。他可以在电视／电影里上演恐怖部分的时候离开房间一下，你可以事先警告他，快要演到可怕的部分了。他可以闭上眼睛、遮住耳朵。他可以请别人描述细节，使自己不至于受惊，也可以事先告诉他快乐的结局。

饮食问题。让孩子决定他要吃些什么。这样一来就不会存在进食的问题了。你可能还是需要费心不让酱汁和面条混在一起，不让花椰菜碰到马铃薯。如果没有他愿意吃的东西，你可以另外为他炒个鸡蛋，但是不要让他去命令你做这做那。只要家里不堆积许多的垃圾食物。长期下来，他还是会营养均衡的。

你可以一起跟孩子计划要做什么菜，这样他不会被吓一跳，反而会很高兴地一起参与计划，甚至去吃他一起准备的晚餐。吃饭时间往往也

你也可以教导孩子，他们可以从梦境中学习，噩梦是在提醒我们注意自己在烦恼什么，也帮助我们练习如何面对恐惧。

是社交时间，要保持愉快的气氛。不要急着吃完，让孩子有时间观察别人在享用那些他不肯吃的食物，或许有一天他也会想试试看。你也要教孩子如何有礼貌地去拒绝某种食物。

现在谈到礼仪了。年纪还小的时候，过度强调餐桌礼仪会让孩子紧张、生气或觉得丢脸，但是不教也不行，以后大了，他跟别人吃饭的时候更会觉得紧张丢脸。因此，想想他需要学些什么（咀嚼时嘴要闭着，用餐巾纸擦嘴，手肘不可以上桌……），一次教一项。记得，身教重于言传。高度敏感儿童会很注意和模仿别人的行为。你不需要责骂他，偶尔提醒一下就够了。

外出就餐。去餐厅之前，根据你对菜单的了解，利用角色扮演协助孩子事先决定他想点什么，或是告诉孩子你会帮他点什么。利用新的餐厅慢慢介绍新环境或新食物给他。孩子精神不那么好的时候，去他熟悉的餐厅。

至于餐厅礼仪，我见过很小的孩子乖乖坐上好几个钟头的，只要大人懂得体贴孩子的需要——给他一点吃的、提供让他安静玩耍的东西。让孩子认为出去吃饭是令人兴奋的特权，对此充满期待，他会比较合作。但是有些孩子在这个年纪就是坐不住，可以把孩子抱出去玩一玩。看看有趣的东西。你需要根据孩子的天生气质，调整对孩子的期待。

着装的问题。尽量配合孩子的需要和喜好。三岁的孩子就可以自己选择要穿的衣服了。高度敏感儿童受不了衣服的标签、粗糙的布料、磨脚的鞋袜。买东西的时候带着孩子，看他穿起来舒不舒服。偶尔买错了的衣服就只好送人。跟孩子讨论一下，为什么会买错了，以后要如何避免再买错。

让孩子有充分的时间决定穿什么，可以在前一个晚上就先选好。

整理衣橱，让孩子容易找到衣物。抽屉上可以贴上分类标签，让他知道里面放的是什么。

上床时间与睡眠。上床睡觉和起床都是某种重大转换，建立固定习惯会有所帮助。你可以做张海报，把必须做的步骤——列出来。上床前最好有一段让他安静下来的活动，像是洗澡、说故事、祷告、让孩子穿他要穿的衣服上床。

睡觉时房间光线要暗，拉上窗帘。如果孩子不喜欢全黑，用一盏小夜灯，然后保持整个家安安静静的。

如果孩子晚上醒来，先找出原因。害怕？寂寞？口渴？太热？过度刺激引起的躁动不安？有时候，让他哭一哭就够了。有时候，可以跟孩子说，他可以不睡，但是你很累了，明天还要上班，现在需要睡了。

购物及杂务。一位家长建议："永远不要带着高度敏感儿童连续做两件以上的杂务。"逛街、购物、办事都非常累人——进进出出、转弯、停下来、车窗外景色一直变换、车子里吵吵闹闹、每个地方不同的环境、脾气不好的柜台人员。你可能已经习惯了，孩子不见得习惯，一次不要接触太多。

要事先告诉孩子你们要去什么地方，会花多少时间，而且要守信用。

坐车。建立固定的习惯和规矩，例如坚持每个人都系上安全带才开动车子，规定好谁坐在哪个位置。这样可以减少许多争论。长途旅行时，每个小时都要停下来休息。休息时尽量远离车流或人潮。吃个野餐也很不错。

在车子里，注意孩子是否无聊或受到过度刺激。你可以说话、玩游戏、听音乐、唱歌、安静地看窗外。

房间。尽量让高度敏感儿童拥有自己的房间。他们需要隐私、一个人安静独处的地方、他们可以控制的环境。如果必须和别人同住一间，尽量不要让他和不敏感的哥哥姐姐共用房间，尤其是如果他们处不来的话。如果实在没有别的办法，至少放个分隔的柜子，让两人的地盘界线分明。

家具尽量简单，最好有地毯和窗帘减少噪声。地毯和窗帘要选容易洗的种类，以减少灰尘，很多高度敏感儿童有过敏的问题。要减少视觉刺激，准备很多储藏东西的空间，盒子、篮子或箱子比开放式的架子好。不要挂很多海报或照片在墙上。

◆比较不常见的问题

看医生。从出生开始，就要选择适合的医生。高度敏感儿童对医生的反应取决于医护人员的态度，以及候诊室的玩具和童书。

跟医生提起孩子的个性气质，不要把孩子的个性当作病态，也不要置之不理。

医生需要了解高度敏感儿童：

- 对痛感的感觉更强烈。
- 可能对身体的抱怨较多，导致医生给他们太多不必要的检测和药物。
- 反过来说，或许因为以前抱怨的时候没有人理睬，或许曾经有过不愉快的医疗经验，有些孩子会刻意隐瞒。
- 经常头痛。
- 比较受不了打针。
- 不适应住院。
- 比较容易有过敏反应。

一般而言，高度敏感儿童比较健康、不经常生病、意外也比较少。但是如果压力过大，他们反而比一般孩子更容易生病。

因为高度敏感而害羞、在学校不说话、哀伤、焦虑的孩子并不需要使用抗忧郁药物。这些孩子需要的是欣赏他们的环境和朋友。

宝宝从哪里来。性游戏、自慰、裸体都是重要的话题。高度敏感儿童一定会注意到："性"是一个充满能量的特殊话题。依照孩子的年纪和经验，充分地回答孩子的问题，常常讨论这个话题，但是不用说太多。

检视一下你自己的观念，你希望孩子具有什么样的观念？你希望不要传给孩子什么观念？告诉孩子，在公众场合下，什么行为不合适。让他了解，游泳衣遮住的地方具有隐私性，谁可以看到，谁不可以看到，谁可以摸，谁不可以摸。

两岁的孩子和五岁的孩子非常不同。更重要的是，孩子接触过多少资讯？孩子可以自由地看电视吗？他跟其他孩子聊过吗？他接触得到网络色情吗？有些孩子不会问你问题，因为他可能被看到的资讯吓坏了，或者是以为自己什么都知道了，或是不好意思承认自己知道得太多。

在家开派对或邀请小朋友来玩。开儿童生日派对的时候，要依照孩子的需要设计。其实，邀请一位好朋友往往就够了。简单一点。

让孩子一起计划、准备、让他熟悉流程。派对过后，他会需要时间消化一切，让他安静一下，散个步、洗个澡，不用急着收拾屋子。

不要给孩子惊喜派对。他们可能会哭着躲进卧房，生气的家长则雪上加霜地把可怜的孩子臭骂一顿。

孩子缺乏经验，不懂开派对的规矩。这是教导他的机会。如果他看起来累了或受不了，记得让他休息。

　　有些孩子不会问你问题，因为他可能被看到的资讯吓坏了，或者是以为自己什么都知道了，或是不好意思承认自己知道得太多。

打开礼物的时候可能会出状况，你可以事前教孩子练习微笑道歉。孩子可能无法掩藏他的失望反应："这是什么东西？"

邀小朋友来家里玩，对高度敏感儿童而言，这是最好的活动了——环境熟悉、孩子觉得事情能够控制，他比较有优势，你也会在那里。但是不要玩太久，也不要常常举办这样的活动，一周一次就够了。

◆最后的提醒＼＼＼＼

这个年纪的孩子非常纯真、值得信任、新鲜和可爱。孩子会观察、让你以他为傲、很快乐、让你笑。这个年纪的孩子会非常爱你。高度敏感儿童确实需要大人费心，但是他们如此可爱，好好享受这几年珍贵的时光吧。

· 第八章 ·

在外面的幼儿
帮助他们在新环境中成功

　　本章讨论如何支持一到五岁的高度敏感幼儿。这个年纪的孩子开始探索外在世界、运用智慧判断、信任生命、适当的时候勇于走出去。我们会讨论尝试新事物时的犹豫不前、社交害羞、上幼儿园、如何面对恐惧，目的都是避免孩子心灵受伤和害怕。我们也会讨论如何选择幼儿园，如何处理亲子分离的场面。

华德还是婴儿时，一旦他爬到毯子边缘，碰到草地就会哭。华德长大一些，遇到新事物还是很小心。他非常喜欢观察，常常等到活动都结束了，他才想加入。他并不害怕，只是想先观察再加入。如果他害怕，最后就不会想加入活动。

本章就是要协助华德这种小孩，免得他们害怕尝试新事物。

有些高度敏感儿童胆子很大，他们对食物、衣服、噪声比较敏感。大胆的孩子可能特别喜欢新事物，也可能对依附关系的安全感特别强。但是，再大胆，他们还是会停下来评估新环境。

◆害怕新事物、害怕陌生人、害羞和喜欢单独玩耍的差别 ＼＼＼＼

害怕新事物和害怕陌生人是很不一样的恐惧，我们将分开讨论。

高度敏感儿童都会停下来评估环境，不见得代表他们害怕。这个年纪的孩子一个人玩耍也不一定代表他害羞。如果五岁以上的孩子还喜单独一个人玩，别人可能觉得很奇怪，于是他变得害羞——害怕被别人下判断、害怕被拒绝。我们之后会讨论这个现象。

◆为什么会害怕新环境，如何预防 \\\\

恐惧会造成更多恐惧。当我们面对新的状况时，我们会评估自己是否应该害怕。如果身体已经充满压力，或是曾经有过不会的经历，我们就更容易恐惧。童年的我们比较缺乏适应能力，遇到不良经验的反应会更强烈。如果恐惧拖太久没有处理，孩子可能变得非常容易受到刺激。恐惧会逐渐变成焦虑，无须刺激就一直存在，任何状况都会引起恐惧。

每个新状况都会引发三个问题：

1. "采取行动是否安全？"我会受伤吗？我会快乐吗？我会成功还是失败？——过去的经验会决定孩子的答案。

2. "我今天有能力处理吗？"有人可以支持我吗？我今天够强壮吗？休息够了吗？——孩子的内在状况，及以前得到过的鼓励与支持会决定这个答案。

3. "事情总是能够顺利进行吗？"碰到新状况时，我是否常常成功？探索新事物、认识新的人是否有趣？——孩子建立的整体人生观会决定这个答案。

你要如何影响这三个问题的答案呢？当孩子停下来思考时，你希望他了解是否安全，他是否会成功。你希望他看得到事实，能够分辨不同的状况，不会畏首畏尾。他可能需要在你的帮助下分辨事实。比如他把一条绳子看成蛇，或者看到一只大狗，以为是狼，他当然应该害怕。如果他最近才被迫和你分开，或是有过令他害怕的经历，那就更需要你去安抚。

针对第二个问题："我今天有能力处理吗？"你对孩子的影响力更

大。要让他相信,你会随时随地回应他的需要和情感,从而给他安全感。面对新状况时,让孩子确信你会全力支持他,让他有充分的准备。如果他还没有准备好,让他明白自己有权等一等。

最后,第三个问题牵涉孩子的人生观,你需要让孩子拥有许多愉快和成功的经历。你可以为孩子创造好的环境。是的,世界上有很多危险,但也有很多快乐和善意等着他。

学龄前建立信心

建立快乐、成功的经验对敏感儿童是一项挑战。不管是谁,受到过度刺激时都会不舒服。在这个年纪,任何新状况都可能演变成过度刺激,那种感觉兴奋、刺激而又陌生。父母必须尽量让刺激维持在孩子可以承受的范围内。

当然,不良经验一定会发生,甚至也是有价值的。孩子可以从中学习如何面对压力,克服恐惧。但是敏感儿童习惯想象最糟的状况,即使事情还没有开始变糟。这种情况就需要父母精心呵护,保护孩子避免被真正不好的经验困扰。不要考虑"丢进水里,他自然就会游泳"的粗暴方式。如果孩子不小心有了不良经验,事后要一起讨论,安抚他、陪伴他。始终和孩子共同面对、处理问题,可以避免让他陷在其中无法自拔。

父母还需在鼓励和保护之间取得平衡。研究显示,有安全感的敏感儿童适应力更佳,因为他们的母亲不太逼迫孩子。缺乏安全感的儿童案例中,母亲习惯积极介入,不让孩子慢慢来。研究也显示,即使是一般

第八章 在外面的幼儿
帮助他们在新环境中成功

儿童不够敏感，过度操控的母亲也会引发孩子的恐惧感。

面对新环境时，家长必须在过度保护和过度逼迫孩子之间找到平衡。利用你的直觉观察孩子的肢体动作、言语、音调和面部表情，如果他看起来真的想做，就鼓励他。如果他踌躇不前，也可以适当鼓励他："有时候，我们很想做一件事情，事到临头却害怕了，真希望躲开。但是如果不做，以后一定会后悔。"

如果孩子看起来太紧张，很不情愿，明显受到过度刺激，而且他现有的能力还不够，父母就不要逼他。

当恐惧不是真的恐惧，而是愤怒时

恐惧不一定是真的恐惧。敏感儿童往往内化一切，哀伤、愤怒和恐惧等情绪都可能被内化，不被表现出来。他们的愤怒不会经由吼叫、打人、说谎或偷窥来表现。举例来说，他可能因为妈妈生了弟弟妹妹而生气，想要使坏。但是他也害怕这种情绪会导致自己去做坏事，害怕随之而来的处罚。所以呢，这些感情自然而然被埋起来了。

家长可能感觉好极了——孩子适应得这么好，他不生气，也不惹麻烦。事实上，孩子心里却可能正在想："我痛恨这件事，我是坏孩子才会痛恨别人，我必须抗拒这些坏想法。太危险了！"

忽然间，恐惧诞生了——孩子什么都怕，怕阴影，怕某个形状，怕别的东西。父母和孩子都不知道为什么。如果你觉得孩子太乖或太胆小，请鼓励他把愤怒表达出来。可以和他一起讨论为什么生气——或许因为你以前也生过他的气，或许因为你规定过他不能做什么，或许威胁过要离开他，等等。请静下来和孩子好好讨论手足竞争的问题。鼓励他谈自己的感情。有时候，谈一谈非常有用。

　　研究也显示，即使是一般儿童不够敏感，过度操控的母亲也会引发孩子的恐惧感。

协助儿童进入新环境——事先的计划

有很多方法协助孩子进入新环境。首先我们来谈谈事前的计划：

1. 寻求协助。如果有成人负责这个场地，和他们讨论一下孩子的个性，以及你们如何配合孩子的需要。或是带个孩子熟悉的朋友一起去，或是事前打听其他孩子的名字，提前几天邀请其中一个孩子来和你的孩子玩耍。

2. 事前和孩子讨论环境。不要假设孩子知道沙滩是什么样子，一定要描述给他听，他才会有心理准备。

3. 讨论可能不理想的后果。提前讨论可以让你们演练应对方针。"如果你找不到任何复活节彩蛋，会感觉如何呢？"

4. 告诉他一个容易脱身的方法。"如果你不喜欢，我们就马上离开。"

5. 亲身示范冒险精神。告诉孩子："或许不会成功，那有什么关系？"或是："要不要试一下？我们有什么好怕的？又不会少一块儿肉。"也可以是："有时候我也会很怕，我就想还能多糟糕吗？不会死掉的话，就试试看吧！"

6. 事前尽量让孩子熟悉新场景的一部分。如果是骑小马，那就提前一个星期带他接近马，摸摸马，或坐坐玩具小马。如果是去打球，可以先买只球让孩子把玩。

7. 接受并讨论孩子的情绪。"我要做。""我怕。""如果我不做，你会生我的气吗？""如果不做，我会后悔。""我非常兴奋，非常好奇。""我不要这些刺激。"这些感觉可能同时在孩子身上存在。

8. 提前做好生理准备。必须让孩子先吃饱睡足，准备好了，否则宁可让计划延期。

9. 鼓励孩子的热情、兴趣和参与。不要夸张或造假，不要说"滑滑梯太棒了，不是吗？"谨慎的孩子会想："我才不要被你逼着爬上去呢。"

要避免提出与孩子想法相左的意见。你可以指出他已经表现出来的情绪："你看起来想试试那个滑梯喔。"如果他害怕，也可以指出来："是的，从这边看，好像很高，对不对？"你还可以提到孩子喜欢的部分："我知道你喜欢滑滑梯，这个滑梯看起来比较难爬，也挺高的。不过，正因为如此，可能更好玩呢。"父母尽量不要预设立场。

10. 以身教示范对生命的热情。有意义的事物、期待的事情和小小的乐趣——这些比大事件更让人快乐。新经验构成了许多小小的快乐，像是去新的餐馆、走一条不同的路线回家，每一种小尝试都可以让孩子看到你的热情。

逐步帮助孩子适应新环境

1. 父母可以陪孩子。带他去新的环境，留在附近陪伴，直到孩子感到自在再退出来。

2. 试着让别的孩子和你的孩子互动。帮助孩子找个友善的或合得来的朋友。

3. 留在现场，但是不要插手。如果孩子叫你，不要急着过去，而是问"怎么了？"，看看他的反应再说。

4. 让孩子一次走一小步。保护他不受讥笑，提醒其他孩子，他们一开始也是这样的。

5. 让孩子知道，心情复杂是正常的。或许你可以向他描述自己第一次跳水，第一次骑马的心情。如果他坚持不肯，不要逼他，也不要笑他。下次他做决定的时候，才不会对你的反应这么焦虑。

6. 指出他曾经的成功经验。以前孩子或许有过一开始不想，后来改变主意后却很开心的经历，例如第一次去游泳池，第一次摸猫咪，让他回想起鼓足勇气尝试踏出第一步的快乐。

最重要的是好好谈一谈

许多家长都说，一旦孩子够大，可以谈话以后，让他尝试新的经验就容易多了。以下就是一位家长和我的分享。

孩子说："妈妈，我害怕游泳课。"

"是啊，当然会害怕，这是新的经验嘛。"（母亲接受孩子的情绪，没有取笑或批评。）

"你也会害怕吗？"

"常常。"（让孩子知道，害怕是正常的情绪）

"那你都怎么办呢？"

"如果我真的想要去做，虽然害怕，但我不会管它，去做就是了。"（示范自我调节的能力）

母亲接着说："或许我可以让事情容易一些，比如问问别人的经验。"（教孩子通过分享经验与谈话来适应的技巧）

然后她告诉孩子："第一次上课的时候，我可能会告诉老师我很紧张。"（示范寻求援助的技巧）

最后："不管怎么样，我都会去试一试。不试不知道，对吧？"（示范冒险精神）

7. 不要失去耐性。害怕或有心理冲突的孩子可能难缠、黏人和易怒。但是你不能发脾气，而要关注其行为之下埋藏的恐惧。你是在驯服孩子想要逃离现场的狂野本能。一旦一步走错，你可能让孩子更激动，更难平复，需要你花更长的时间去处理。不要逼迫孩子，也不要让任何人逼迫他。如果你那样，他以后要怎样尊重自己，怎样信任你呢？何况，孩子在害怕的时候什么也学不会。

◆有了新经验之后

你的目标，当然是抚育孩子可以随时进入和适应新的环境。务实点观察，如果是安全的环境，就往前进，融入欢乐与成功之中。跟随着孩子，着重强调积极乐观的部分。

1. 一定要指出孩子曾有过的成功经验。不用夸张，也不要向别人炫耀。但要让孩子知道成功在何处，"你喜欢这个滑梯吗？嗯，我猜也是。你玩得好开心，简直不想停下来了。"

2. 指出他的进步。指出一年前或一个月前，同样的状况下他是什么模样。改变是渐进的过程，不是不可能的任务，也不是隔夜就发生的奇迹。"你以前看到这种滑梯也是好想滑，可是都不肯试。今天你就试过了。"

3. 把重点放在鼓励行为而非结果上。夸奖他的努力，而不是奖励成功或失败。"你试着爬到一半了，真好。"

4. 让孩子有机会当老师。让他教更小的孩子或绒毛玩具熊，他是怎么做到的，他怎么克服恐惧，后来又有多好玩。这样一来，整个过程都会被记得清清楚楚的了。

5. 利用这个机会鼓励孩子幻想自己是个负责任、强壮和自信的英雄。

◆面对陌生人时的害怕或迟疑

现在让我们谈谈孩子对陌生人及新的社交场合的恐惧。

詹妮从六个月大开始，看到陌生人就会把脸藏起来。两岁时，她的妈妈送她去幼儿园，希望能够有所帮助。但很长一段时间詹妮还不愿和老师说话。直到万圣节当天，她穿着兔子服装，躲在面具后面，才终于

> 如果孩子始终表现不自在，父母就帮他找个借口。
> 即使是关系亲密的亲戚，也不能任由他们逼迫孩子。

开口了。大家都认为她是个快乐自信的孩子，只是她一直不太能面对面地和老师说话而已。

敏感幼儿不愿意和陌生人相处，这是完全正常的现象。他一方面在想："陌生人哦，小心一点。"另一方面也想："大家对小孩子都很好，我可以试试微笑，看看会怎样。"

我们不希望孩子对所有人都有戒备心，也希望别人尊重孩子需要慢慢来的个性。你可以告诉来家里的客人不要急切向孩子表示什么，耐心等一下就好，孩子会适应客人的存在，然后变得友善的。如果孩子始终表现不自在，父母就帮他找个借口。即使是关系亲密的亲戚，也不能任由他们逼迫孩子。

有些父母一看到孩子跟陌生人互动就会紧张，唯恐他遭遇不幸。请记得不要过度反应，因为孩子会感受到你的情绪。等他大一些以后，你可以叫他不要坐陌生人的车，应该怎样遵守和别的成人之间的分界。现在这个阶段，你应该帮孩子留意陌生人，而不是要他自己留意。不要让他去处处留意，这样他在和亲友相处时也会更自在地形成互动了。

社交上的迟疑或许正常，但不要忽视

所有的研究结论都一样：如果你想要避免孩子长大以后害羞，就在他学龄前协助他参与社交。在这个年纪，不善社交还不成问题。但是不解决的话，大一点之后会造成真正的羞怯。或许，我们的社会对社交自信有些过度强调了，但在需要社交的时候具有这种能力也确实

第八章 在外面的幼儿
帮助他们在新环境中成功

很重要。

我们都是社会动物。即使只是安静的陪伴，只要确保有人在身边，孩子也会变得平静。

明尼苏达大学的甘纳博士花了一年时间研究学龄儿童的皮质醇浓度。研究表明，积极参与活动的孩子，或是原本不愿意但是后来加入的孩子，在一开始就具有较高的皮质醇浓度。不参与活动的孩子皮质醇浓度较低，这表示他们压力较低。但是一年之后，参与活动的孩子皮质醇浓度反而变低，未能克服恐惧的孩子会独自玩耍，缺乏社交支持，皮质醇浓度却增加了。

简言之，为了避免将来孩子受苦，现在你必须鼓励他经历一些风雨。父母要协助不善社交的孩子参与社交活动，参加集体活动。你可以请老师帮忙，这些经历很重要。在这个年纪尝试还不晚，孩子很容易调节自己，但不善社交的情况一直持续，到更大的时候可能会发展成明显的社交畏缩。

如何预防或降低对陌生人的恐惧

首先，如果父母面对陌生人会觉得不自在，孩子也会像你一样。父母要试着克服自己的不自在，主动邀请客人来家里，习惯和陌生人轻松搭讪。

最好是让敏感儿童早早开始和其他儿童互动，但是记得利用平静、短暂的方式，选择适合的玩伴。一开始，只找一对家长和孩子。可以找年纪小一点的玩伴，让你的孩子具有优势，或是找年纪大一点但是很会照顾小朋友的玩伴。如果两个孩子玩得来，可以经常让他们一起玩。然后再进展到一群家长带着孩子约会——这样的方式可以让你了解孩子如

最好是让敏感儿童早早开始和其他儿童互动，但是记得利用平静、短暂的方式，选择适合的玩伴。

何跟别人互动。

接着可以尝试与其他家长旁观的活动——音乐会、美术展览或体操课等。当然也要注意选择团体氛围，如果其中有一个粗暴的孩子，整个团体的气氛就不同了。

学前教育的重要性

幼儿园很适合协助孩子进入社交环境，为进小学做准备。许多老师认为，一定要送敏感儿童去上幼儿园，只要园方了解他们的需要。他们认为，如果不去上幼儿园，孩子将来在小学阶段会有很大的困难。而且，与其每周只去两天，不如每周五天，每天去几个小时，养成固定的习惯。

逐步帮助孩子适应新的社交环境或陌生人

我们都希望孩子愿意主动与人相处。所以，如果孩子跟某人处不来，不要逼他。敏感的孩子和不敏感孩子或是有强迫感的孩子处不来。或许他以后必须学习与这种人相处，但并非一定要从现在就开始。

进入新状况时，像是去参加小朋友的生日派对，父母可以事先讨论会遇到的状况，例如谁会在场，尽量鼓励孩子交朋友，提到他以前有过的正向经验。而且要记得陪孩子去，留在现场以备不时之需，等到情况变顺利时再离开。不要让他待太久，这样孩子以后才会想再去。

一些其他建议：

1. 计划。想一想如何让孩子更容易进入场景。你们或许可以提早去，帮忙布置，当别人到的时候，孩子会觉得自己更了解情况。父母要趁孩子没累之前，提早带他离开。

2. 练习。练习一下刚到的时候要怎么办，怎么进门、如何回答问题、如何提出问题、要聊些什么。

3. 找朋友帮忙。找一些朋友和孩子说话。和成人的交往能够增加孩子的自信。请朋友一次不要问太多问题。研究显示，被问太多问题时，孩子反而说得比较少。对儿童而言，提问似乎牵涉心理层面的权利博弈——成人提出来的问题已决定了对话的主题，而且往往已经有了预设答案。

这就是成人谈话的方式。成人谈话的时候，很少有超过两秒钟的沉默。但是如果老师保持沉默，孩子反而说得更多。成年人可以巧妙一些，比如："我以前也有一只猫，黑色的。"然后等待，再利用肢体语言让孩子知道，你在倾听，你有兴趣跟他说话。

4. 让其他孩子协助你。有时候可以请态度友善和拥有自信的孩子和你的孩子说话。让孩子和一个年纪较小的孩子同组，让你的孩子带头。

5. 父母也要主动参与社交。请朋友来家里，热情接待。

6. 为孩子营造良好的社交氛围，让他习惯社交。

◆寻找适合的社交场合 \\\\

选择合适的学校或幼儿园。各个幼儿园都不一样，有的地方对孩子很敏感，有的则没有。你必须带着问题，去现场观察。首要考量的就是环境不要太嘈杂，不要太拥挤，教室光线柔和不刺眼，班级人数不要太多，环境要清洁整齐。

向老师提及孩子的敏感。有些老师会认为这样的孩子很难带，有的则认为你大惊小怪，必须找个能够理解孩子的老师。如果孩子不善社交，问问老师将如何协助他参与活动或者交朋友。老师应该让孩子慢慢来，然后一次采取一小步让孩子参与。或许一开始让他和老师玩，或只和一个小朋友玩，然后再慢慢增加一起玩的小伙伴。

前期跟踪孩子的入园情况。每天观察半个小时到两个小时，连续几天，每天都去。孩子入园之后，你可以在附近待几天，如果他适应得不好或发生什么情况，你可以随时赶到。

分　离

上幼儿园后，孩子首次习惯父母没有全天陪同左右，这些分离越自然越好。上学之前，可以先让他留在爷爷奶奶家、朋友家，预演亲子分离。也可以带他去参观幼儿园，提前做一些准备。

1. 讨论分离。不要瞒着他。孩子如果表示伤心或害怕，不要过度反应。告诉他你也会想着他，告诉他你会如何应对这种思念。

2. 告诉孩子，你们彼此分开的时候你们都会做些什么。"我会打一些电话，清理厨房。"也告诉他，接他下学之后会做些什么。这样，即使你不在身边，孩子还是可以想象你的存在。

3. 让孩子从家里带些熟悉的物件作为替代。第一天可以早点去接孩子，不要让他在那里待太久。用他能理解的方式表达去接他的时间，例如"午睡之后我就会来接你"。

4. 第一次早点回来，让时间缩短点儿。经常提醒孩子你会回来，而且后来你的确回来了。

5. 根据他的时间表，告诉他你回来的准确时间。例如："在你休息完之后我就回来。"

6. 形成一个特殊的分离仪式。握手、拥抱，或一句幽默的话："别吃虫子啊。"或者"要记得微笑哦！"

7. 离开以后依然追踪他的情绪。打电话给老师询问他是否哭泣，哭了多久，或请其他家长告诉你。如果连续几周孩子的哭泣都超过 15 分钟，或是整天断断续续地哭，那么可能因为他年纪还太小，不适合离开家。有时，孩子的哭泣只是分离仪式的一部分。父母要冷静观察，他回家的时候是否开心。如果是，那就不必过于关注他的哭泣，如果不是，你就需要重新评估上幼儿园这件事了。

8. 分离的时刻要愉快迅速。一旦孩子适应下来了，父母就马上离开，不要让他感觉到你的犹豫，要尽量保持固定的接送时间。

9. 不要匆匆忙忙。让孩子离开家或与你道别都不要在匆忙中进行。保持平稳的步调可以将刺激减到最低，孩子能比较容易适应。

10. 回家也需要调适。回家的过程要保持愉快。让孩子先上个厕所再回家。在车上或路上聊聊学校发生的事情。为孩子准备一些点心，敏感儿童常常关注自己的生理需要，点心可以帮助他补充适当的能量。

11. 偶尔和孩子一起在学校待一会儿。让他告诉你自己平常玩些什么，让家庭和学习场合产生联结。

◆如果学龄前儿童遇到真正害怕的事情

如果孩子真的听到或遇到令人害怕的事情呢？这时你必须帮他直面恐惧。即使你自己也很恐惧，或是因为自己无法消除孩子的恐惧而自责，也还是要勇于谈论。不要以为恐惧会自动消失。如果你自己也有情绪，可以先和其他成人谈过了以后，再和孩子谈。

1. 谈话的时候不要说不必要的话。这就是为什么你需要提前处理自己的情绪的原因。不要和孩子分享你的忧虑。如果他在担心被绑架的话，你要开诚布公地谈论。先问他知道些什么，相信些什么，想象些什么，会害怕什么。

2. 让孩子完整表达自己。即使你知道他的想法，也应该如此。孩子应该学会跟你分享他的恐惧，而不是独自承受。不要轻视或取笑孩子的恐惧。

3. 解释你会如何处理这些恐惧。告诉孩子可以有的预防措施，培养他的适应能力。解释你如何处理无法控制的恐惧，培养他安慰自

即使你自己也很恐惧，或是因为自己无法消除孩子的恐惧而自责，也还是要勇于谈论。

己、自我调节的能力。例如："我跟自己说，我没办法控制一切，可是发生概率那么小，我不用一直担心它。"或是"飞机震动的时候，我也会害怕，我就告诉自己，一切都在于上帝。上帝要怎样，我都接受。"让孩子明白，每个人都会对无法控制的事情感到恐惧，我们要么就勇敢面对恐惧，要么就被恐惧击垮——让他知道自己会选择前者。

4. 解决杞人忧天的心态。例如向孩子说，你们住的地方没有龙卷风。如果孩子够大了，对他解释事件发生的概率是什么意思，让他明白灾难的可能性微乎其微。

5. 如果可能，计划渐进式地接触或将敏感递减。孩子不需要克服所有的恐惧，但是如果能够克服一些的话，将对他产生莫大的鼓舞。你们可以一起阅读他害怕的事物的书籍——飞机、蜘蛛、蛇、狗，等等。说些快乐的故事，逐渐在故事中加入孩子害怕的事物。一起想象着接近这些可怕的事物，然后真的带他去看，甚至尝试着摸一摸。

6. 注意孩子是否有不好意思承认的恐惧。可以说利用"很多人都会怕……"或是"我在你这个年纪，我很怕……你呢？"等话语来引出话题。

7. 用别人的善意平衡暴力行为。有机会的话介绍他认识友善的警察伯伯，让他知道这些人正努力工作，保护大家的安全。避免让孩子接触骇人听闻的新闻，如果他不小心听到了，你需要马上和他讨论，示范平衡的心态，如："这种事情很少见，大部分的人不是这样子的。"

8. 如果你担心暴力犯罪，就需要学习如何保护自己和孩子。在尽力的同时你也要试着放松，孩子会感觉到你的恐惧。

9. 如果孩子看到恐怖场面，像是车祸、火灾，可以让他一再复述创伤经历，在安全的环境中整理自己。你也需要找专业人士协助处理自己的情绪。许多成人不以为意的经验对孩子的影响却很深，例如看医生、住院、和家人长久分离、宠物死亡、失去特别珍爱的玩具等。有些事情对你不算什么，孩子却很在意。

◆最后的提醒

　　高度敏感不等于胆小害怕。确实，敏感儿童成长为探险家的概率比较低，因为他们会更谨慎地评估各种状况，也更能够感知危险。所以他们的童年经验更为重要，父母的角色也更为重要。你不但在培养孩子面对未知的勇气，也是在塑造他的人生态度——学会信任、变成值得信任的人，热爱生活，感谢生命。

　　你不但在培养孩子面对未知的勇气，也是在塑造他的人生态度——学会信任、变成值得信任的人，热爱生活，感谢生命。

· 第九章 ·

家有学龄儿童

本章讨论学龄儿童（五到十二岁）在家里面对的问题，包括环境转变的事，如搬家、过节怎样应对；也会讨论比较少见的焦虑和忧虑的现象，以及如何减少家庭成员的压力。最后会讨论少数难搞的孩子，如表现戏剧化或叛逆的孩子，拥有强烈情绪、活动力强、容易分心、意见多、挑剔、易怒或让你怀疑他是不是正常的孩子，以及你需要协助的内容。

◆学龄儿童——初试啼声 \\\\

让我们先看看养育敏感儿童的乐趣。学龄儿童开始才华初显，特别有趣。家长通常享受他的好奇心、创造力与独特的洞见力。孩子可能在某方面显出不寻常的才华，例如音乐、绘画、数学、自然生态。许多敏感儿童会拥有成人的兴趣，例如下西洋棋甚至开个公司。

南希不是个外向的孩子，但是七岁的时候她就可以用冰棒棍做娃娃，并有勇气挨户售卖。十岁的时候，她写的故事可以赚到稿费了。

敏感儿童逐渐学会自我调节——他会停下来评估，思考一下谨慎行事的后果，决定采取行动。凯瑟琳在小学五年级前从来没有离家过，刚好有机会去法国当交换学生。她在这之前几年的日子很困难，患上中耳炎，还导致牙龈发炎，又遇上不好的老师和牙医，结果她一想到牙医就吐，被学校转介给儿童精神科医生。当时凯瑟琳坚持要去法国，她就是知道她应该去。结果，她的接待家庭好极了。一直到高中，她还跟他们保持联络，后来她又去了三次法国。即使是那么小的年纪，敏感的孩子也可以深刻思考，并相信自己的决定。

这个年纪的孩子也开始关注家人的情绪，并会体贴别人了。凯瑟琳三岁的时候，弟弟出生了，弟弟不幸患有唐氏综合征，还有其他严重的问题，几乎每天都得去看医生。大家都受到他病情的影响，凯瑟琳的妈妈更是心力交瘁。有一天，要去看医生之前，她疲惫得找不到儿子！她坐下来，忍不住地哭了，五岁的凯瑟琳马上去找弟弟，发现他躺在小床上的毯子底下。凯瑟琳跑到妈妈身边坐下，安慰妈妈："别担心，妈妈，我们是一家人。"这是凯瑟琳母亲的转折点，她体悟到如果女儿都这么有勇气，这么有正能量，她也可以的。

◆家中的日常生活

让我们看看日常生活中的问题：

穿衣服、上床、家务事、礼貌及其他日常习惯。敏感儿童通常喜欢井然有序。你可以给年纪小的孩子定下固定习惯，规划和奖赏以培养这些习惯。"你穿好衣服、吃了饭、做了家务事之后，就可以随便做什么。"把必须做的事情写成清单，孩子可以照着单子一项一项地去做，并钩掉已经完成了的事情，很快就会变成习惯了。以后你只需要提醒一下他："单子上的事情做了吗？"

一旦养成习惯，渐渐在适合的时机把各种责任交付给孩子。让孩子决定自己要吃什么、什么时候上床、穿什么衣服、衣服要不要洗了。接下来，如果他没有准时上床、没有保持衣服干净整洁，他就只好接受后果，而不是你来教训或处罚他。这才是真正的学习。

有些事情你必须坚持某种标准，例如睡眠。敏感儿童需要很多睡眠，这样能保证他获得充分休息。如果他一直睡眠不足，你要坚持要他提早上床。过几年，他就会了解睡眠和情绪之间的关系了。

至于家务事，我喜欢开家庭会议。每个人都有机会表达自己，尊重别人的意愿，达成共识。大家都同意，有哪些家务事需要做，应该如何分担；大家也都同意，如果有人不做分内的家务事，会有怎样的后果，要如何补偿别人。

比如说，大家都同意倒垃圾不应该只是爸爸妈妈两个人的工作，家里每个人都在制造垃圾，每个人也都有责任倒垃圾，如果轮值的人没有做到，就应该连续两周倒垃圾。不要用不准出去玩或不准看电视来处罚孩子。尤其是不要未经讨论就自作主张地处罚孩子，这样你只是让他屈服于暴政之下。

彼此相处的基本礼仪也可以拿出来讨论。如果大家都同意骂人会伤害感情，骂人的人就要公开道歉，解释事情的来龙去脉，以及保证以后要避免同样的情形发生。家长也要以身作则地遵守协定。

有些事情需要讨论很久。例如，敏感的孩子希望家里很安静，他的弟弟却希望能够随性一点，高兴时可以大喊大叫。家里应该多安静并不是真正的重点，真正需要学习的是：双方都应有机会发表意见，尊重对方的发言，然后找出有创造性的，大家都满意的解决方法。这样一来，冲突不但无害，还可能有益，因为家人会因此更亲近。

如果孩子不遵守协定，可能对他而言太难遵守了。例如，他和朋友玩得正高兴，无法遵守按时回家的规定。如果他打破规矩，父母一定要先问清楚为什么，不要急着处罚他，听听孩子的说法。你需要坚持让孩子为自己的行为后果负责，但是也许应该参考特殊情况对规定进行

处理家人争吵的目的不是息事宁人，而是让孩子
学会彼此协商、公平地争论。

调整。

争吵。这个阶段的孩子最容易吵架了。敏感儿童被逼到极限的时候，可以非常精准地说出伤人的话。父母应教导他坚持自己的标准，比如不可以攻击别人，不论言语或行动都不可以蓄意伤害别人。

一定要给双方20分钟的冷静时间，这不是处罚，而是让大家有机会好好想一想，然后再坐下来，讨论发生了什么事情。父母的言传身教更能起到示范作用，可以帮助孩子寻找真相和正义，以及修补彼此的关系。

处理家人争吵的目的不是息事宁人，而是让孩子学会彼此协商、公平地争论。不可以谩骂，不可以相互指责，要就事论事。不要说"你总是骗人""活该，谁叫你昨晚不洗碗"等负面的话。大家要冷静地讨论问题，协商解决办法，倾听对方的立场，轮流发言，试图达到双赢的局面。在孩子没学会这些技巧之前，不要放手让他们自己解决纷争。

孩子之间发生纠纷，父母不要随便说双方都该骂，敏感儿童最受不了父母冤枉他们了，他们可能觉得需要协助的时候却没有人可以提供力量，于是渐渐放弃自己或反而学会欺负别人。如果他总是和同一个人吵架，试着找出其中原因。

节日。让过节简单而有意义，不要过于夸张，做过了头。不用邀请太多客人，如果孩子不愿意，顶多要求他礼貌性地招呼一下即可。如果可能，也鼓励孩子积极参与，尽量邀请他喜欢的人来家里做客。

节日令人兴奋，尤其是有礼物、特殊服装或特殊客人的节日。如果是宗教节日，不用跟孩子说太多细节，每年学一点就够了。建立家庭节日仪式和固定庆祝方式，让一年一度的日子带给孩子亲切和熟悉感。

第九章 家有学龄儿童

搬家。兰德尔一年级的时候搬家，他希望新房间和旧房间一模一样。他交了个新朋友，可是连续几个月都不肯出去玩，最后好不容易去朋友家时，他却坚持要放某一部他喜欢的卡通片，不然就不肯继续待着，其实他只是在尽力维持环境里不变的因素。

敏感儿童像猫咪一样，非常依恋旧家。他们认识墙上的每一道刮痕、院子里每一棵树，他们熟悉家庭附近的环境，因此对他们而言，搬家就像移植一棵老树一样，不可掉以轻心。

如果必须搬家，请多给孩子一些时间。带孩子去新社区熟悉环境，公园、图书馆或商店。最后才打包孩子的房间，到了新家，先整理他的房间。不要马上丢掉任何东西。家具和东西尽量归拢在相同的地方。特别准备一箱"安慰物品"，像是枕头，让他一到新家就拿出来。

搬家那天，每个人的压力都很大，用最适合家人的方式处理。给孩子多一点时间去适应，让他参与搬家过程，或是让他待在别处。

搬家之前和之后都要谈论他的感觉和你的感觉。哀伤和悔恨的情绪是正常的，但是也要强调新家的优点。

父母也要注意缓解自己的压力、坏脾气和哀伤。尽量固定一些日常习惯，按时三餐、说故事或玩游戏，这些熟悉的活动会让孩子觉得心安。

焦虑和沮丧。敏感儿童在压力下容易焦灼或忧虑，例如在学校没有朋友、家中有重病患者或家长失业。有些敏感儿童会因为看到人生不可避免的苦难而沮丧，他们开始明白生命无常。如果孩子出现这些情况，请不要自责。即使是你给孩子造成压力，也不要一直责怪自己。你可能已经尽力了，有个特别容易受伤的敏感孩子也不是你的选择。最重要的是，现在该如何面对自己手上的牌码。

我们已经在第七章讨论过，恐惧很容易变成长期焦虑，因此你需要尽量减少孩子的恐惧。还好这个年纪的孩子已经比较懂事了。你可以向他保证：不幸事件的发生率极低。我们无法否认危险的存在，但就算知道生命无常，也要充满勇气地面对每一天。高度敏感儿童比一般人更无法忽视生命无常的事实，你需要帮助他们鼓起勇气。不要忽视他们的恐惧，而是直接示范如何与恐惧共存。

焦虑或压力之后，接着是忧郁期。症状包括失眠、嗜睡、缺乏能量、缺乏乐趣或兴趣、缺乏食欲、易怒、行为失控、退缩等。如果这些现象几乎每天出现，超过两周就能确定孩子是忧郁的，而非简单的心情不好。忧郁的人看起来或许很正常，只有家人才能注意到不同。

如果孩子出现长期焦虑、忧郁和易怒现象，家长需要决定是否用药。我建议家长仔细研究这方面的资料，有了全盘性的了解再做决定。很多医生都是从药厂那里得到药物资讯，而厂商又总是在商言商，不谈用药的缺点。我们无法预知长期用药对发育中的脑部有何影响，现在也没有终身服用抑郁药的案例，因此无法做出科学的比对和评价。

因为缺乏用药的研究，我想先讨论其他方法，例如气质咨询可以教你如何通过调整教养方式来适应孩子的需要，儿童心理师则可以看看家人互动有没有什么值得注意的地方。最后，你还可以带孩子去接受心理咨询。不过，接受心理咨询之前需要和孩子沟通，因为他不容易理解这种事，可能会觉得自己不正常，从而更加焦虑或沮丧。

药物的短期效果非常好，即使孩子没有真正成瘾，当恐惧及其他问题再度发生时，他们也很难放弃服药。敏感儿童常常经历短期焦虑或忧郁，尤其有事发生的话。父母可以先让他尝试练习控制情绪，特殊情况下，可以选择少量用药，让孩子调整到可以自我控制情绪的状态。

最佳治疗就是父母的言传身教。你可以寻求专家帮助，让专家教你学会帮助孩子"行为管理"或"情绪控制"。以沮丧忧郁为例，首先，家长要承认自己沮丧忧郁，然后表示同理心，"你今天看起来很沮丧。有时候实在很难，对不对？"，然后研究一下原因，"有什么事情让你不开心吗？"让孩子知道你不是在刺探，而是想找出原因，帮助他宣泄情绪。

一旦设身处地了解原因了，你可以教孩子采取行动，而不是被动地接受情绪。行动之一就是确认事实。"你何不去问问爸爸，看他是不是真的在生你的气？"另一个就是想想发生的事情，重新赋予其意义。"你这次没有赢，可是你以前都没有跟这么有经验的人玩过西洋棋呢。"你可以想想以后如何避免同样情形发生。"我自己绝不看那种电影，电影里的故事是假的，有人喜欢看那种故事。或者他可以提醒自己，故事是假的。可是我知道很多人都不看这种电影。我就不看。"

如果知道原因了，却无法解决问题，或无法让孩子的负面情绪停下来，你可以提出下列建议：

- 鼓励他想一想，平常什么事情会让他心情变好？即使不想做，也去做做看。"我知道你想躺在沙发上，散散步/洗个澡/跟朋友玩/和某人谈一谈，或许会有帮助。也许听起来没意思，但是我知道，有时候即使我不想做，做完了还是会心情好一些。这种时候，我会逼自己去做。"
- 暗示孩子情绪是会改变的，做点别的事情能让情绪平复下来。"或许吃饭之后，你的感觉会不一样呢。"
- 鼓励他解决问题。"我们来想想办法吧。"
- 鼓励他寻求协助。"或许我们应该跟老师谈一谈。"

留意一下什么最有用，向他说，看看下次他会不会采取同样的对策。你的作用就是观察他的情绪并协助他管理。他可能常常忽视或拒绝你的建议，没关系，或许下次他会试试看。

我不是反对用药。如果孩子压力过大，负面情绪一直持续，会影响到他正在发育的大脑。有些孩子或许真的需要药物，重点是你要充分咨询各方，找不同的专家评估。即使用药，也要同时改变环境及适应技

一旦设身处地了解原因了，你可以教孩子采取行动，而不是被动地接受情绪。

> 一个人的体力有限，吸收能力有限，对敏感儿童而言，活动少一些反而较好，这样能让他们在信息爆炸的时代保留一点安静的空间。

巧，这样效果才好。

◆减少家中压力＼＼＼＼

如果压力不大的话，高度敏感儿童比一般儿童更健康、更少意外受伤。如果你注意减少家中压力，受惠的将不只是孩子。有些压力不可避免，例如爷爷过世、新闻中的恐怖分子活动。我们只能保护孩子不要过早接受过多类似信息。如果遇到了，和孩子真诚讨论，说明居住社区的安全性，已经采取了什么安全措施，示范自己如何应对压力，承认生活有时不那么容易。

生活中的机会和期待也会造成压力。现代人拥有无限的机会，我们可以随时打电话给任何地方的人，也可以从网上学到各种知识；我们可以旅行到世界各个角落，学习各种技术。金钱、名气、智慧、心灵成长……要什么有什么，至少我们觉得如此。这也是我们需要教给孩子的信息："你可以成为任何人，可以做任何事情，要勇于做梦。"

敏感儿童本来就可能做事过头，电玩、电视、网络更提供给他们无限的娱乐与学习机会。学校也一直提供更多的资讯，再加上课外活动。一个人的体力有限，吸收能力有限，对敏感儿童而言，活动少一些反而较好，这样能让他们在信息爆炸的时代保留一点安静的空间。

评估敏感孩子生活中的压力

亲子专家玛丽·科辛卡写了一长串儿童的压力源，许多压力源是成人想都想不到的。压力可能来自此前提过的生日宴会、旅行、节日、搬家、看医生、学校；也可能是导致孩子不能户外活动的坏天气，或是出去玩可能遇到的压力；让人心烦的新闻、小朋友之间的冲突、被迫分享、被取笑、被拒绝、被欺负、被误会等原因都可能是压力源。

每个孩子都要面对童年结束的压力、接触痛苦或死亡的压力和进入成年的压力。再加上敏感儿童必须面对与众不同的不得不注意细节的压力。他可能不会说："我压力太大。"但是你会注意到他们的实际表现：

- 行为退化——突然不会做已学会的事情，甚至是上厕所、穿衣服或短暂分离，很多小困难突然变成大问题。
- 夸张的情绪——不寻常的恐惧、哀伤、易怒。
- 较多生理问题——气喘、过敏反应、头痛、胃痛、经常感冒、失眠、做噩梦、嗜睡。
- 黏人或孤立——要么对父母寸步不离，要么躲在衣橱中，待在家里不出去。

短期减压法

减低压力有长期和短期策略。一旦孩子受到过度刺激，请马上运用以下短期策略：

1. 避免或处理压力反应：安排许多休息时间或安静的时间。

2. 安抚孩子：抚摸、拥抱、哄孩子睡觉、全情倾听、提供健康且令人满意的食物、足够的睡眠、和大自然或动物相处、玩水。

3. 让睡眠成为第一要务：睡好了，第二天才能有良好表现。长期睡眠不足是敏感儿童的大敌。

4. 有特别活动时，引进熟悉的事物：维持日常习惯、带着熟悉的玩具、玩平常老玩的游戏、去老地方。

5. 减少做决定。一般而言，我会鼓励孩子自己做决定，但是压力过大的时候，则减少让他们做决定的次数。例如，他对上学感到焦虑，早餐就不要问他想吃什么，直接提供他平常爱吃的东西，看他要不要吃。

6. 善于总结：一旦事情改善，父母应研究一下，以后如何避免同样的状况发生。

长期减压法

以下是一些建议，可以长期改善家庭环境：

1. 建立习惯、事前计划、减少做决定和意外。例如，三餐定时、一起计划吃什么、写行事本。

2. 和孩子在一起。人是社会动物，和人在一起有安抚作用。有些事情是否可以一起做？例如，在同一间房间换衣服，或是你回电子邮件的时候，让孩子在旁边画图。找些共同兴趣。一起种花、烹饪、遛狗、洗澡。敏感儿童需要自己的时间，但是也需要你的陪伴，至少父母不要跑得太远。有时候你需要鼓励他一下。如果孩子宁可一个人独处，想一下，你是否太急躁、太易怒、太刺探隐私、坚持要他说话了？有时候，一起安静地做事情就是最棒的分享。

3. 让大自然成为生活的一部分。我一再强调这一点，即使只是养金鱼或盆栽植物也好。孩子需要大自然来平衡自己，因为我们的身体需要大自然。

4. 思考并讨论人生意义。人生有很多值得追求的，追求知识学问、从事神职、协助他人、创造、新经验、家庭生活、友情。如果你知道自己的人生目标是什么，可以与孩子分享。让孩子知道你的价值，也从你身上学习如何整理自己的目标。如果你自己也不确定、忧虑、沮丧，就不要让孩子分担你的重担。不要跟孩子分享太多心事。只告诉孩子，成人有时候也需要重新思考人生，有时候也会不确定，但是不会一直如此。

5. 跟孩子谈谈，你如何面对人生的不完美。孩子会听到或经历一些不好的事情，这是最大的压力源了。你如何看待暴君？失去、痛苦、死亡——你害怕什么？你比孩子有经验，你可以和他分享这些。但是不要说一些无法实践的幻想，事到临头可能会让他很失望。生命中有一些无解的事情没关系，这比胡乱拍胸脯保证更让人放心。

6. 如果无法避免巨大压力事件的发生，就干脆全心拥抱它。我认识的一些值得交往的成人中，每个人的童年都有过重大事件。困境可以磨炼人格，关键在于父母如何协助孩子面对和理解困境。疾病、贫穷、家庭变故，都是重要的人生课程，甚至给人以启迪。如果你可以用这样的角度去看事情，就可能对孩子有帮助。

管理戏剧化的孩子与叛逆孩子的情绪

像蒂娜和恰克这种戏剧化、勇于发表意见、有创造力、情感强烈、难以相处的孩子并不常见。他们缺乏自我调节的能力，就算知道要惹上麻烦也很难停下来。他们被情绪和意见冲昏头脑，总是得罪人。他们需要坚定实在的父母。如果父母情绪失控，他们受到的影响比别的孩子都更大，他们会变得更失控。

这种孩子耗尽成人的耐性，但是父母千万不能失控或失望。他们就是会被情绪带着走。家长必须教他们控制自己，才能和别人和平共处。

坚持你的标准，但是慎用处罚。处罚会提高孩子的刺激程度，让他无法学习。父母需要坚定地重申规定、坚定地执行，在事后让他们明白自己为什么会失控。"我在猜，你是不是累了，所以那么不高兴？""会不会是因为学校里发生了什么事情？想谈谈吗？"

想想你的责任和困难，不要一个人面对难搞的孩子。学会寻求亲友帮忙，或是专业协助。

疾病、贫穷、家庭变故，都是重要的人生课程，甚至给人以启迪。

难搞的敏感儿童

目前为止，我们谈到的敏感儿童似乎都谨慎、体贴、退缩。但是有些敏感儿童不同。九岁的蒂娜是个非常戏剧化的人，情感强烈、坚持、勇于发表意见、非常有创造力、非常喜欢表演。在家里，她表现得很难相处、戏剧性、吹毛求疵。如果她不喜欢某件事，每个人都会知道。如果没有处理好她的情绪，大家什么也别想做了。她非常能够察觉别人的情绪，但是某些时候似乎根本不在乎，除非那件事对她造成了不好的影响。

蒂娜虽然显得如此强悍，很难伺候，但还好她的父母知道，她的内在其实很脆弱。他们知道处罚并不会让她获得自我调节的技巧，因此他们总是采用适合她的方式来回应。

另一个例子是九岁的恰克。他喜欢滑雪、爬树。他感到失望时，对母亲态度很恶劣。而且他很顽固。去看牙医的时候，他就是不张开嘴巴，直到医生威胁他："你如果不张开，我就只好把你绑起来了。"

恰克第一次去向神父告解的时候，故意让自己看起来脏兮兮的，光着脚，充满抗拒。他拒绝和这个陌生人说话："我就是不跟你说，你拿我没办法。"

恰克也有温柔的一面，他很容易哭，总是在调解家庭纷争，也非常喜欢照顾学弟学妹，友善地对待没朋友的小伙伴，在小伙伴被取笑时总是帮他说话。

特别难搞的孩子可能有其他问题需要处理。我强烈建议父母带孩子去做气质测试，并请专家检查环境中有哪些不适合孩子的元素，学习如何教会孩子表达。孩子可能有许多行为问题，一次只要处理一两项就好。父母要先决定孰轻孰重，再酌情处理。

首先把问题分成三类："现在就改，不然我受不了"，"能够这样该有多好"，以及"总有一天"。从第一类开始，可能是粗鲁、发脾气、拒绝上床等行为。针对这些行为制定你能接受的标准，其他的先别管。

如果问题还是存在，你需要寻求专家协助，但是这些专家也可能不懂天生气质，会给孩子的问题贴上标签。许多老师或咨询师会立刻想到注意力缺失过动症。因为敏感儿童具有这类症候的特征：他会注意到各种细节，在嘈杂的环境中容易分心。你需要想想，分心的状况是否是突然发生的，例如换的新老师严格要求学生专注，敏感儿童因为做不到而焦虑，于是更加无法专注。如果学校很吵闹、刺激很多，他们也无法做到专注。

如果换了适合的环境，几个月后，还是没有改善，你可能就要做全面性检测了。除了注意力缺失症之外，孩子还可能患上学习障碍、躁郁症、忧郁症及其他病症。

如果孩子是因为天生气质而有困难，要记得，这些个性经过合理引导后，往往会变成可贵的特质。歌剧明星必须具有强烈情感，运动家必须具有高度活动力。家庭生活现在或许很困难，但是只要给他足够支持，孩子的未来无限光明。

　　如果孩子是因为天生气质而有困难，要记得，这些个性经过合理引导后，往往会变成可贵的特质。

应用：改造家庭生活

把孩子的才华、优势、好个性都写下来。

把孩子的困难与问题也写下来。例如：容易生气、粗鲁、固执、不愿意尝试新事物。

问问孩子，他是否愿意努力改变其中之一。如果他愿意的话，一起制定计划。一起确定合理目标，讨论其中的过程。如果以前试过而没有成功的话，这次尝试新的、有创意的、可能会成功的不同方法。

不要用奖赏，一起列出改变的好处，达到目标就是最好的奖励。如果孩子害怕做不到，父母可以把目标分成一次一小步。如果他失去兴趣就及时提醒他。同时你可以帮自己订立一个目标，和孩子一起努力，分别达成。讨论意志力、坚持到底有什么好处。偶尔做不到没关系，反而可以从中学习如何避免失败。

让孩子自己决定要不要改变。即使你现在能够逼迫孩子去改变，他大一点之后，也会反抗，反抗的后果可能更严重。

· 第十章 ·

帮助孩子享受
学校生活及社交生活

本章讨论敏感儿童在学校及社交场合的表现——应该外向到什么地步、如果交不到朋友怎么办、遇到过夜邀约怎么办。然后讨论你如何协助孩子、孩子的学业表现以及和同龄孩子的关系。

好消息是我从来没有见过在学校有严重行为问题的敏感儿童。他们很少打架、欺负人、说谎、偷窃、逃学、嗑药或侮辱师长。他们至多是班上的小丑，说几句俏皮话。他们通常会是好学生、不停跳级、喜爱学习、让老师赞美不已，有时候可能还是班上的领袖人物，至少有一个很要好的朋友和几个合得来的朋友。

不好的消息是对这些孩子而言，学校生活往往压力过大。即使像蒂娜那种戏剧性的孩子，或恰克这种叛逆型的孩子也受不了。

蒂娜就像其他敏感儿童，比较会处理一对一的关系。她试着控制自己，知道别人会受不了她的强烈反应，但是老师还是说她"太敏感""感情太容易受伤"。他们无法给她足够的时间消化自己的感觉。

例如，如果被人取笑，蒂娜会生气或哭泣，欺负她的人就更高兴了。如果她不为所动还好一些，但这些技巧都需要花时间去学习。

恰克很受同学欢迎。他是班上的小丑，女孩子们都很喜欢他，他的学业表现不佳，比较喜欢观察昆虫，不喜欢读书。他总为了成绩差而有压力。但是他还是有很多洞见和建议，在班上常常发言。

不论是强悍、意见多，还是安静听话，敏感儿童都觉得上学很辛苦。许多成人跟我说，童年的家庭生活很好，学校生活却像地狱一般，让他们至今仍有心灵创伤。

◆高度敏感儿童在学校面对什么？ \\\\\

第一，学校是个高度刺激的环境。80% 的学生不是敏感儿童，教室通常太拥挤、太吵闹，在校时间太长。学校可能很无聊，因为高度敏感儿童很快就理解老师交代的话，但是老师还是得一再重复给其他学生听。他只好胡思乱想，等到回过神来，可能已经错过了不该错过的信息。

第二，学校的规矩和处罚都比家里多，而且不是针对敏感儿童设定。敏感儿童通常很愿意遵守规定。如果被处罚，他们可能承受不了，因为这些处罚本来是为最顽劣的普通儿童制定的。

第三，在学校里，敏感儿童有社交困难。在家里或朋友家里，他们可能就像别的孩子一样活泼。但是在学校里，他们是少数派，可能变得很安静，观察着一切而不参与。他们目睹有人被欺负，因而更为退缩，或产生强烈反应，让他们显得更突出。等到他们终于搞清楚游戏规则的时候，别人都已经交上朋友了，而对他们则形成成见——胆小、不合群、骄傲、害羞、无聊，没有人愿意有这样的朋友。

结果就是敏感儿童在学校感到焦虑。过度刺激加上焦虑会妨碍社交、学业和体能表现。恶性循环之下，学校生活就变成他们的噩梦。如果你的孩子显得忧郁沮丧、情绪不好、易怒、容易受到刺激、退缩，就

过度刺激加上焦虑会妨碍社交、学业和体能表现。恶性循环之下，学校生活就变成他们的噩梦。

要思考以上的问题。

◆教室的理想气质

对敏感儿童，欧洲的教室比较理想。这些教室氛围安静，刺激较少，尤其是瑞典。黑板是隐藏式的，要用的时候才拿出来，桌椅不是并排摆放，到处是舒服的家具，好像家里的客厅和厨房。即使在相对贫穷的东欧国家，教室桌椅也干净整齐，具有美感。

这样的教室带给人温暖，让孩子可以很好地学习，并培养品位。学生情绪和习惯都比较好，因此这种环境最适合敏感儿童。

相反地，不理想的教室充满资讯，学校试图让学生用最快的速度接触最多的讯息，活动多、不重视秩序。桌椅往往既不美丽，维修状况也不佳，似乎等着被孩子破坏似的。这样的教室适合活动量大、渴望刺激、适应力强、不爱注意到细节并能够忍受吵闹的孩子，但绝对不适合敏感儿童。

◆家庭教学

更多的父母正在探索的一个方案就是家庭教学。对大多数家长来说，可能性很低，因为白天都在工作。但是出于那些我之前列举的原因，高度敏感儿童的家长还是会更多地考虑家庭教学。如果说公立或者私立学校都很方便就读，人们通常会无休止地争论，对于孩子甚至包括高度敏感儿童，予以家庭教学是否是个好主意？让孩子和谁更多地学习社交礼仪和在社会文化中生存，始终是个很重要的问题。但是，我相信，如果家庭是一个很好的环境的话，某些高度敏感儿童更适合采用家庭教学。但是，不幸的是，有时，孩子在学校里受苦的原因之一是来自家庭里的问题。

适用家庭教学的高度敏感儿童有：那些不得不去环境非常恶劣的学校，或者所分配的老师不适合高度敏感孩子，而家长又不能违抗学校的指令。抑或那些在就读的学校里被戏弄和欺负得很厉害的。我相信还有很多其他的例子。所以，如果家庭教学是个很正确的选择的话，请不要忽视，即使你身边的人都表示反对，这完全是个人私事。当儿子四到六年级在公立学校备感不适时，我希望我可以在家对他进行家庭教学。如果你真的感兴趣的话，网络上可以找到有关家庭教学的资源(没有网络，家庭教学无法想象)，包含每个州必须遵守的法律政策和如何找到当地的支持小组。

◆社交生活与害羞

十岁之前，害羞对敏感儿童还不是主要问题。十岁之后，就可能引起自卑、寂寞和焦虑了。在初中阶段，不善社交会被视为很大的缺点。

研究显示，只要有一个好朋友就足够提高自我形象和社会地位了，尤其是两人的友谊真诚、有意义。在人群中感到害羞的人也可以形成一对一的深刻友谊，因此，不论孩子有多么害羞，都要协助他找到至少一个好朋友。

最后要记得，小时候害羞并不表示他长大了也不改变。有时候，搬家或换新的班级会让事情改观。如果孩子年复一年地表现羞怯，或是孩子因此受到取笑或欺负，你就需要注意了。

协助孩子交朋友

如果孩子说他都没有朋友，先看看是否真的如此，为什么如此。有时

在人群中感到害羞的人也可以形成一对一的深刻友谊，因此，不论孩子有多么害羞，都要协助他找到至少一个好朋友。

候，即使已经有几个朋友，敏感儿童还是会夸大他的孤独，他总因为自己与众不同而觉得孤立。他只要有一个朋友就够了，即使别的孩子拥有更多朋友。如果老师说孩子下课的时候都一个人，你就需要找出原因。你可以温和地与孩子谈谈，自己也多观察一下。

有时候老师可以帮忙，知道某个学生比较友善，可能跟你的孩子成为好朋友，就把他们放在同一组或把座位排在一起。

如果老师无法帮忙，或许你可以帮忙。一对一比较容易交朋友，你可以找个年纪相当、上同一所学校、有共同兴趣、家庭价值相近的孩子来和你的孩子做朋友。

你可以邀请这个孩子来家里玩，或邀请对方家庭来家里做客，一起野餐或出游。大家一起聚会的话，孩子比较自在，你可以观察孩子之间的互动，据此教导孩子如何交朋友，例如他是否话太多、太退缩、太霸道或太被动。下一个学年，争取让他们能老在一起玩。研究显示，在同班有朋友的小孩容易被其他孩子接受。

至于目前的同学，跟孩子一一讨论，看看有没有可能交朋友的对象。把家里布置成那个年纪的孩子会喜欢的样子，准备有趣的游戏和可以胡闹的空间。

家长如何帮忙？害羞儿童怎么说？

一项实验的过程是这样的：让小丑逗两岁孩子玩，递给孩子玩具机器人；到了七岁，让这些孩子和三个陌生孩子玩。之后，让这些七岁孩子看他们两岁时的实验录影带，心理学者问他们对于害羞的看法，对自己两岁时行为的看法，是否有改变，是什么让他们改变。

其中，两岁时害羞、七岁时变得大方的孩子说，是因为家长让他们接触很多事物。这些孩子也比较在意自己是否害羞。似乎，他们已经认为害羞的个性是需要克服的缺点。家长可以让孩子了解，虽然他们很谨慎，需要许多成功经验来鼓励自己，但是害羞也有许多好处。

试图改变孩子之前，先想想自己的价值观

敏感儿童可能比较晚才不吸吮拇指，不随时带着心爱的熊熊，学会离开你的时候不哭。你可能希望孩子尽快停止这些行为，免得被其他孩子取笑。你也可能希望孩子自由表达自己的需求和情感，用自己的速度长大。

我们的社会很重视形象。你如果希望孩子融入，就要让他穿一般人穿的衣服，必须注意保持合适的体重。不过，如果你过度强调这些，孩子就会以为融入社会比其他一切都更重要。

敏感儿童可能对电视或电玩里的暴力很敏感，对同龄人间的风言风语、逗弄取笑、欺负以及自己的与众不同也敏感。我们既希望他被同龄人接受，又不希望他变成暴戾、满不在乎、心理不健康的孩子。怎么办呢？我们不希望孩子对电视和电玩上瘾，过于沉迷于竞争、在意外表、受到性别刻板印象的限制、野心过高、具有种族成见、喜爱暴力或不在乎别人的感觉。但是孩子与众不同的气质就会导致让他痛苦的结果。

如果你想打破性别刻板印象，就可能培养出一个爱哭、喜欢烹饪或插花的儿子，或是不喜欢和朋友聊时装、玩芭比娃娃的女儿。如果你希望孩子喜欢阅读、不爱看电视，他可能听不懂同学在聊些什么。如果你希望孩子对没有朋友的人友善，他就可能同样被归类为不受欢迎的人物。

你想要改变社会，还是要孩子改变自己？这是个人抉择，没有标准答案，但是需要好好思考。

我和家人是素食主义者，也不用白糖和面粉。我儿子小时候，别的小朋友会取笑他带的食物，而他一有机会就会偷吃糖。后来我还是买了

你想要改变社会吗？还是要孩子改变自己？这是个人抉择，没有标准答案，但是需要好好思考。

牛肉和白吐司面包，也放弃不准孩子吃糖的规矩了。

如果你的价值观和别人不同，你要好好地向孩子解释，别人问起的时候，他才知道如何回答。你可以寻找具有类似价值观的家庭交朋友，也可以寻找具有类似价值观的学校，但是效果可能还是有限。我曾经禁止儿子看电视，而他现在的工作就是帮周六卡通电视节目写剧本。

虽然我们的社会喜欢善于社交、大胆、具有冒险精神、外向的孩子，你还是可以决定孩子要往这个方向发展到什么程度。此外你要让孩子知道有其他价值体系可以选择。你或许希望培养孩子的艺术才华，充分利用他未受压抑的敏感、具有个人风格与原创性的自我，成为可以改变社会的人，而不只是消费者。你或许希望孩子走性灵的方向，选择很少人走的路径。这种人虽然同路人不多，却可能有更深刻的内在思考，或是对外在世界有更深刻的解读。我们不需要黑白分明，或单单选择一条路。但是，即使他最终成为艺术家、神学家、玄学家、哲学家、科学家或心理学家，但也需要拥有跟一般人相处的技巧，因此，请你读一读下列建议。

如何养育个性勇敢、能融入社会的敏感孩子

如何去教养一个高度敏感儿童？比如那些害羞的孩子回忆道："我过去遇到新的人和事都会有一些恐惧，但是我的父母帮助我克服了这一点。"

1. 让孩子接触各种经验。一次不要太多，你们可以一起参加研究各类资讯，报名参加孩子有兴趣的活动，试试童子军夏令营。让他阅读介绍各种活动的书刊，例如钓鱼、剑术、魔术或西洋棋。问问同学都在玩些什么，一起看报纸杂志，寻找适合儿童的活动。不要强迫他，不要参加太多活动，但一直给他机会。

2. 不要给他贴上"害羞"的标签，不要打击他的自信。害羞只是一种心态，害怕别人批评自己不够好，这不是天生气质个性。你可以说："你可能需要花一点时间适应新环境或陌生人，可是你看，你多喜欢跟

我说话啊。"

3. 用娃娃或熊熊做角色扮演，让孩子学习如何加入小团体、认识新朋友。保持简单、重复的原则。"嘿，我是小明，我可以跟你玩吗？"练习的时候，保持轻松的气氛。让孩子明白，大家都有尴尬的时候，只要跟着大家笑一笑，事情就过去了。你可以跟孩子分享自己体验过最尴尬的一刻。

4. 让敏感儿童进入团体是很微妙的任务。建议他先接近比较熟悉的成员，跟他在一旁先说说话，然后跟着他一起参与活动。或是接近另外一个看起来也很尴尬的孩子，相互壮胆，彼此做伴。

5. 让孩子教别人知识，或争取处于明星地位，或玩他常常赢的游戏。这个年纪的男生在戏剧或舞蹈教室里往往可以演主角。试着找出孩子的才华，并且让他有机会表现。

6. 协助孩子发展运动能力，尤其是团体球队。一开始可能不容易，但是如果可以训练出足够的技巧，他就自然而然"属于"某个团体。

特殊状况——例如到别人家过夜

对于敏感儿童，去夏令营、参加球队、团体课程……都可能充满挑战。如果他不大愿意去朋友家过夜，你可以协助他逐步做好心理准备。很多友情都是在这些过夜活动中形成的，他最好参加几次，不要等到再也没有人约他。

首先，请别的孩子在自己家里过夜——一次一个，请孩子很喜欢的小朋友。不要让他们玩耍的时间太久，你必须逼他们按时上床睡觉，以免太累。

如果对方邀你的孩子去他家过夜，而孩子还是拒绝，试着私下跟他谈谈，但是要尊重他的感觉与决定。

当孩子第一次到朋友家过夜时，如果会有什么让他不自在的地方，先向对方家长说明，请他们配合，例如他有什么忌口的食物之类的。

带孩子去对方家时，你可以多待一会儿，和对方家长聊聊。如果孩子愿意，你回家以后可以给他打个电话，看看他过得如何。你们可以事先约定一个暗号，表示他希望你找个借口去接他回家。有什么事就直接和孩子说，不要让别人传话。

要如何举一反三地将这些策略应用在其他活动上呢？以夏令营为例，先从白天的营队开始，然后送他去有朋友参加的过夜营队。寝室里至少要有一个他认识的人。提前和小队辅导员谈谈，让他知道孩子可能发生的状况，包括想家。你要告诉孩子，如果他想回家，你会来接他。他很可能会要你提前去接他，结果到时候又不肯回家。

增加社交技巧的其他方法

我们讨论过拓展学龄孩子的友谊和勇气，同时也教他学会处理好一些具体的、特别的状况，比如朋友来家里过夜。在我们讲学校生活的方方面面之前，我这里有一些指引：

1. 让孩子接触更多成人。能够跟成人交朋友的孩子会在同龄人中找到自信，而敏感儿童往往和成人相处愉快。你可以请亲友跟你的孩子聊天。你甚至可以建议聊一些他们两人都觉得很有深度的话题。（本章节的最后将讲述更多的促成此种对话的方法。同时，在第八章的"一步步帮助孩子进入社交环境"一节下，可以查阅关于家长如何更好地鼓励一个安静的孩子去讲话。）

一位母亲和她的高度敏感孩子达成协议：当他和某成人待在一起感觉不舒服时，母亲一定会来带他脱离窘境。他们制定了两个重要的让儿子发出求援信号的情形：1）在进行一个尴尬的对话时；2）想要逃跑的时候。这是很棒的同理心和协作力。

2. 玩文字游戏，训练孩子快速回应的能力，尽量鼓励自发性的表达能力。

3. 让孩子学会问路或打电话咨询。先做些训练，让他在餐馆负责帮全家点餐或是打电话订位。请他打电话询问价格和店家的营业时间。

4. 鼓励孩子直视别人。因为目光接触具有刺激性，敏感儿童常常避免目光接触，别人可能误以为他屈服或害怕。让孩子练习直视别人，先从你开始，然后是其他家人，然后是不太熟的人。

5. 请其他成年人协助，例如老师、教练或同学家长。先了解他们将会怎么做。让孩子和朋友分在一组，让孩子有机会以让同学们羡慕的方式表现自己。

6. 家长可以及时指出孩子的进步。转变是一个过程，不会突然奇迹发生，所以要常常指出来："去年你还没办法站起来对着全班说话，今年好像容易多了。"

最后，不要让孩子有过多社交活动。即使是外向的敏感儿童也比一般儿童需要更多安静的时间。许多家长会建议每周只做一次社交活动，避免压力较大的球队活动。而且要有心理准备并接受，你的孩子可能永远都不会有很多朋友，永远会被贴标签，总是容易哭，而这就是和敏感、热情和创意的个性如影随形的特质。

◆打造愉快的学校生活

兰德尔九岁的时候，整个夏天都为开学那天感到"焦虑得不得了"。等那天真正到来时，他简直连呼吸都感到困难。

开学前的准备

你可以提前帮忙准备，让事情越顺利越好。尽量提前了解孩子的老师是谁。开学前就带孩子去看教室，认识环境，找到厕所、饮水机和办

最后，不要让孩子有过多社交活动。即使是外向的敏感儿童也比一般儿童需要更多安静的时间。

公室的位置。向他解释每个人在学校的角色——校长或校园保安等，让他明白有事情可以向谁寻求帮忙。

如何跟老师沟通

老师也希望你的孩子表现优良，可是他们很忙，不一定能关注学生的天生气质，或觉得不应该让某些学生享有特殊待遇。因此，家长要巧妙强调老师的期望目标——学习效果，老师才听得进去。

你可以把书后附的"给老师的建议"影印给老师参考。

你也可以设法认识班上的小朋友，请老师让你的孩子和适合的同学坐在一起。你可以向老师说明，孩子擅长做哪种功课，或是对哪种功课特别有困难，这样为孩子争取表现的机会，因为安静的孩子容易被忽视。你也可以建议老师等到开学一两个月后再要求孩子参与活动与发言。

如果你跟老师关系良好，可以建议老师将全班分成几个小组。让孩子从两个人一组、三个人一组中练习发言，逐渐适应公开发表意见。你也可以建议老师安排你的孩子和另一个孩子一起做报告；如果不好实现双人报告的形式，至少要为孩子争取不要当第一个或最后一个做报告的人，这样多少可以降低一点孩子的焦虑。

让学校对孩子友善的其他方法

小小的不适、意料之外的改变、临时出现的刺激往往让敏感儿童度过难熬的一天。父母要尽量做好事前准备，降低意外事件的发生率。

1.搭乘校车对敏感孩子可能很困难。校车上没有成人督导，却有很多刺激。为了避免这种刺激，父母可以考虑自己接送孩子，或让孩子走路上下学。

2.校外教学之前，先预习可能碰到的状况。向孩子强调他会喜欢的部分，但也要讨论他可能不喜欢的部分，让他知道可以如何处理，而且

第十章 帮助孩子享受
学校生活及社交生活

要注意帮孩子带够食物和衣服。

3.家长尽量不要为敏感儿童安排太多课外活动。敏感儿童需要放学回家安静地待着。即使要参加课外活动，也要找能够体谅孩子的老师或教练。

4.为孩子争取一个心理健康日。你可以尝试偶尔让孩子翘课一天，在家里睡大觉也好，放松也好。

◆关心学业表现＼＼＼＼

考虑过交友和环境之后，让我们考虑一下学业情形。

如果孩子是完美主义者

敏感儿童通常是好学生。他们可能花很多时间准备考试或做功课。你需要关心一下，他是否花太多时间用功了？他是否害怕老师？是否太在意与其他孩子的竞争？功课太难了吗？你是否对孩子过度强调成绩的重要性？

针对孩子的完美主义倾向，你需要和他讨论生活的平衡，提醒他不要太努力，要留下一些时间做其他的事情。必要的话，你需要坚持让他休息的意见。其他建议：

1.跟他谈条件。"如果你四点之前写完功课，我们就可以在吃晚饭之前玩个游戏。"

2.帮他检查错误。你自己也要避免成为完美主义者。帮他检查功课可以让他不那么担心，可以对他说，"如果是我的话，我会觉得这篇报告已经写得够好了"，或是"不用再抄一遍了啦，我觉得老师会满意了"。多夸奖孩子"写得很好"。

针对孩子的完美主义者倾向，你需要和他讨论生活的平衡，提醒他不要太努力，要留下一些时间做其他的事情。

3. 帮孩子建立轻重缓急的顺序。我们不可能每件事情都做到完美，教导孩子什么最重要。不重要的功课可以不要花那么多时间准备。"知所先后"是高度敏感者必须学习的智慧。

4. 权衡功课所花的时间。讨论一下应该花多少时间做功课，快到之前让他知道，培养孩子限时完成作业的习惯。

5. 通过讲故事告诉孩子孰轻孰重。和我同期毕业的学生代表是全校成绩最好的学生，他致辞说："我每天用功读书，周末也不例外。我看着别人去约会、看电影、打球。四年下来，我学到的是，当全校第一名是我最大的错误。如果我跟其他人一起出去，获得的可能更多。"

除此之外，你可以向孩子摆明自己的态度：你接受力不从心和错误的经验。

非完美主义的孩子

当然，有些敏感儿童不是完美主义者。他们可能觉得上学很无聊，他们也可能具有某种学习障碍，但不要假设他们缺乏智力或动机。

敏感儿童一旦遇到失败与挫折，受到的打击会很大。但他们往往为了保护自己，逃避批评或羞辱而表现得不在乎。我的儿子就是这样，他看起来不在乎自己表现如何，穿鞋或写功课都不用心，大家都觉得他不是好学生。

我花了几年时间仔细辅导他，帮助他可以好好写功课，好好准备每次考试，尽心准备每个口头报告，不仅如此，还帮助他准备漂亮的简报，每件创作都用好材料，让他获得越来越多的赞美，慢慢地他就喜欢好好地完成任务了。

敏感儿童往往觉得课堂很无聊，因为他不需要花太多时间在学习上就可以理解。除非老师特别有创意，可以让敏感儿童获得足够挑战。因为，对他而言，光是画一艘哥伦布坐的船还不够，他需要思考在那艘船上航行是什么感觉，看到陆地时是什么感觉，遇到原住民是何光景，西班牙人登陆后对原住民的影响是什么……你可以鼓励孩子进一步深入思考。

通才和专才

敏感儿童有两种学业模式：对什么都有兴趣，或是专门对某件事情有兴趣，例如只想写诗或只想观察昆虫。这两种学习风格都没问题，不过，什么都有兴趣的孩子比较容易被视为好学生，他们的问题要到以后才会出现——当他们必须选择专长的时候。

老师往往认为只对某件事情有兴趣的孩子有问题，你可能需要多花点心力为他说话，或解释一下："我知道他没写作文，因为他的时间都花在观察昆虫上了。"让老师认可孩子的兴趣，觉得他拥有值得鼓励的专长。

有时候你可以把无聊的科目变成他感兴趣的内容，例如不喜欢作文只喜欢昆虫的孩子可以用昆虫的眼光写一首诗，只喜欢写诗不喜欢昆虫的孩子可以通过观察昆虫来增加写诗的隐喻和辞藻。如果孩子只有某种兴趣，你要鼓励他继续深入发展。在他有兴趣的领域，帮他找个可以指导他的人。

◆ 当孩子受到欺负 \\\\\

即使孩子在学校有好朋友，能够参与班级活动，学业也没有问题，他还是可能哭着回家，告诉你他被别人欺负了。

此前我们提到，敏感儿童的气质和别人不同，这导致他容易被欺负。他对被欺负的反应比较强烈，同时又不会采取报复行动，因此会让同班同学认为欺负他比欺负别人更有趣、更安全。这种事很不容易处理。

以下是一些建议：

确定发生了什么。孩子最怕的是什么？你需要预防什么发生？

1.先确定事情是否真的那么糟糕。不管你做什么，都可能让情况变得更糟糕。所以，考虑一下是否需要干预。

2.确定发生了什么。孩子最怕的是什么？你需要预防什么发生？

3.和孩子讨论，让他知道同学的行为是不对的。孩子需要你的同理、支持与回馈。你也可以和孩子一起，试着了解对方的心理，他是否有很多压力、被别人欺负、成绩不好？了解对方的困难可以让你的孩子更容易找到解决的方法。

4.讨论如何伸张正义。要向谁提出抗议，如何提出？让孩子知道抗议必须坚定、有效，哭哭啼啼地抱怨只会惹来更多麻烦。

5.让孩子观察别的孩子如何面对同样的问题。他们怎么做？忽视、走开、笑一笑、讽刺回去、报复？用角色扮演练习如何面对。不过，敏感儿童不一定能够像别的孩子一样反应。某些成年人的策略，如讲道理或以德报怨，在校园里是行不通的，只会让孩子更像个异类。

6.协助孩子融入。衣着要合宜，积极参加自我防卫课程也可以让孩子更有信心，比如柔道或跆拳道，因为他知道万一打起来，他可以打赢。

7.如果有某个特定的对象一直欺负他，让他们有机会一起做事情，或是分在同一组，通过合作培养出彼此的好感。

8.用一切方法停止欺负。受欺负是很糟糕的创伤体验。如果跟孩子谈没有用，就跟老师谈、跟校长谈、跟其他家长谈。如果状况真的很糟，考虑让孩子转班、转学或休学。

玛丽莲如何处理

周会的时候，杰夫推了兰德尔。杰夫年纪比较大，兰德尔一想到这个人就感到焦虑，想尽办法躲开他。上学的时候，如果看到杰夫，兰德尔就不肯下车。如果杰夫的球队和兰德尔的球队比赛，兰德尔就不肯上场打球。

玛丽莲打电话给杰夫的妈妈讨论这件事。杰夫的妈妈说，他们正在办离婚，杰夫心情很不好。于是玛丽莲请杰夫和他的两个弟弟一起来玩。玛丽莲带这四个男孩出去玩，让他们熟悉彼此。

之后，玛丽莲又约了他们几次，虽然杰夫和兰德尔并没有成为好朋友，但是后来可以在同一个球队打球，至少相处没有问题。

问题一开始很小，但是如果杰夫看出兰德尔的恐惧，继续欺负他的话，状况就可能更糟糕。一旦有机会熟识，杰夫就会把兰德尔当成自己人，而不是外人。

◆儿童时期告一段落

提醒大家，抚养敏感儿童其实是一件困难的任务，但也是可以令人满足的挑战。这个过程让父母成长和锻炼人格，为接下来的面对孩子的青春期做了很好的准备——那个阶段最需要父母行事成熟、意志坚定。

应用：改造学校和社交生活

先想一想，你的孩子需要改进些什么，面对陌生人的羞怯、缺少朋友、花太多或太少的时间做功课？问问孩子，他想不想改善情况。如果他同意，一起做计划，制订合理的目标，达成阶段性地完成任务的共识。

如果是老问题，试着想些新的、有创意的、可能成功的解决办法。举个例子，如果孩子参加了游泳培训班却没学会游泳，或许下次可以试试一对一教学。可能的话，尽量不要用物质奖励。

如果孩子和不认识的成年人说话感觉不自在，你们可以提前达成协议，让孩子每周都在你的陪伴下和陌生人说一次话。然后增加到两次、三次，然后再每天一次。一开始可以是让他负责打电话咨询，然后是和来家里的客人寒暄，寒暄内容可以事先练习一下。

然后你可以约个孩子认识的成年朋友一起吃饭，你可以事先跟朋友说好，请他来回答孩子提出来的问题。与此同时，也可以提前让孩子练习有礼貌地寒暄。

第十一章

敏感的青少年及年轻人
让青春起航的艰难任务

首先需要知道敏感青少年必须面对什么，然后——讨论如何和家人相处，如何顺利迎接中学阶段的社交生活和学业、恋爱以及性。接下来是离家独立和成年生活。

◆前路艰辛＼＼＼＼

　　十四岁到十八岁是儿童长大成人的过渡阶段，对所有的青少年而言都不容易。短短四年，他们要从玩着玩具的天真孩童变成小大人，学会开车、打工挣钱、面对性的觉醒、面对药物及酒的诱惑、计划并追求进一步的学业和事业发展。在学校里，他们必须要面对与自己成长环境极为不同的同学。在美国，整个社会文化决定他们即将离开家庭，独立生活。

　　这些转变对孩子造成很大的压力，对高度敏感者尤其如此。即使充满信心，他们也会觉得面对的挑战过大。除非他们能得到充分的同理心和足够支持，足以使他们慢慢适应这些转变。否则，这类青少年可能会选择逃避——未婚先孕、宗教狂热，甚至产生身心疾病，更极端的会选择自杀。

大部分敏感的年轻人遇到困难都会以温和的方式表达出来。他们可能不愿意约会，想去又不愿意参加派对，总是在担心自己要上什么大学。结果就是他们显得安安静静、若有所思，或易怒、焦虑，同时又努力装成熟、表现宽容——这些现象导致家长无法了解他们真正的困扰。

从敏感儿童到理想青年

高度敏感的青少年表现乖巧，他们不会像一般青少年那样问题一大堆。他们往往希望自己立刻成为成人，最好把整个青春期都跳过去。不管是对家人还是对其他人，他们都会努力体谅和宽容。在学校，他们可能成为捍卫正义的代言人。

父母只要和他们好好沟通，他们就不会参与非法、不健康和有危险的活动，如酗酒、嗑药、滥交和飙车。如果青少年滥用药物，往往表示他试图通过药物克服内在的焦虑或沮丧。滥交的行为则显示他的内在压力太大，大到不自觉地想和别人合为一体，不愿意独自面对人生。飙车以及其他危险活动则代表了他有自我毁灭的倾向，这往往是求救信号。但如果他们获得足够的外界支持，这些行为就很少会出现。

这个阶段高度敏感者开始显露才华和深度。他们在学业上、艺术创造上或其他需要敏感度和深思的方面表现优良。他们可能甫一登台就表现抢眼，他们对美感独具慧眼，具有超前的洞见。他们拥有相互关怀和有趣的友谊。他们的内在世界开始蓬勃发展，对心灵、心理学和哲学产生了深刻的兴趣。他们开始努力克服自己的不足，例如恐惧、害羞、缺乏经验或者缺乏冒险精神等。

在这个时期，最令人印象深刻的应该是他们优秀的创造力。

敏感的计程车调度员

瑞维十九岁了，他认为自己是"观察型的人"。他小时候很害羞，当了计程车调度员之后克服了这个缺点。开始新工作时，"我会等一等并观察，知道我可以做什么，不可以做什么。学着不要做蠢事，就不会再害羞了"。如果有人跟他过不去，他会自我安慰，"不要放在心上，把事情做好就好了"。

瑞维的学习生涯并不顺利，高一和高三都在家里自学。他表示自己喜欢运动，但是中学后就不打球了，因为大家都想打赢，打输了教练会发脾气。现在他有一群朋友，但他很怀念学校的社交圈。他参加了一个在公园里玩角色扮演的团体，大家即兴扮演指定的角色，他和这些朋友相处得很好。

瑞维觉得自己最大的问题是对身边的人过于敏感。他总感觉自己必须对别人的需求做出回应。"身不由己。"他说。

这个孩子敏感吗？

调度计程车以及在公园玩角色扮演的游戏，都需要一点冒险精神。十九岁的詹妮也是这样。她刚刚开始上哥伦比亚大学，完全爱上了纽约。她也爱美式足球，甚至自己下场参与，她从中学就开始玩美式足球了。我也认识独自骑车横跨美国、玩滑翔伞、长途海泳、一个人在印度旅行的敏感青年，或是喜欢参加音乐会和运动会，跟大家厮混、逛街、穿着奇装异服引人注目，一边讲电话一边煮东西的人。这些事情，等他们成年后都不会再有兴趣。

这些孩子真的高度敏感吗？绝对是的。虽然有些敏感青少年不做这些事情，但是，高度敏感的人在青少年阶段最有可能尝试新经验，也最不在乎过度刺激的问题。研究显示，小孩子和老人的感官最脆弱。最不敏感的阶段就是青春期和二十多岁的时候。即使是最敏感的青少年都喜欢听很高分贝的音乐，而且还一边做功课一边听。到了三十岁，相信我，这个习惯一定会变。

这也是他们最大胆、最英雄主义的人生阶段。他们会参加和平义工组织，一个人去异乡打拼、创建公司、背个背包走天下、写诗、画画、写生。这是重要的人生阶段。他们身体里充满了荷尔蒙、大脑发育成熟、年轻而信心十足。因为缺乏经验而天真到不知世事艰难。事实证明，敏感的孩子更可能刻意接受挑战，以证明他们跟别人一样，甚至比别人更勇敢。

面对敏感青少年时需要记住的事情

和青少年谈话时，你首先需要搞清楚你在和他体内的成人说话，还是和他体内的小孩说话。他们确实希望大家把他们当作成人看待——这是他们的目标。他们也常常像成人一样思考。但是有时候，他们又会退到孩子的角色，期待别人把他们当孩子看。父母通过养育过程已经学会了和敏感儿童或成人相处，但这个阶段的问题却是，你得搞清楚现在的他到底是成人状态还是儿童状态。

更难的是，他会变来变去。他身体里的成人可能正为自己的幼稚感到丢脸，于是他迅速变回来，表现成熟，拒绝你的协助，让你措手不及。更难的是，他不是一般的成人——这个成人经验不足、过度自信，甚至自以为是。从十二岁开始，他们的脑部快速发育，发展出全面的逻辑思考能力，变得可以有系统地思考，从事抽象的心智活动，想象各种后果，调试他们的理论，并思考客观真相。在学校里，他们表现优良，

事实证明，敏感的孩子更可能刻意接受挑战，以证明他们跟别人一样，甚至比别人更勇敢。

经常得到赞美，这让他们以为自己可以解决世界上所有的问题。

面对这样的交流对象，你必须极具耐性。你也要强调规则，要求孩子具有基本的尊重、诚实和善意。即使是高度敏感的孩子也可能不肯做他该做的事情，类似于倒垃圾这种杂活。他们会有意无意地忘记，通过找借口和诡辩来逃避责任。

父母不能放弃，一定要坚持原则。你必须要求他信守承诺、遵守基本礼仪、展现对人的尊重，尤其是要对你这个"老古板"客气一点。你必须努力坚持，而孩子也在努力抗拒。这就是大自然的法则，等到分离的日子来了，你们双方都可以松一口气。

父母能做些什么

或许孩子看起来很强悍，听起来聪明自信，但是你还是要参考以下建议：

1. 确定孩子还在跟你说话，或跟某个成人说话。作为成人，你需要提供给孩子同理心、建议和支持，并且要了解高度敏感者的天生气质。孩子需要知道观察力、洞见和原创性的重要。他需要学会调适自己的人生，例如多些安静的时间，少一些刺激或控制刺激程度，多些时间适应环境和转变。

2. 提醒孩子控制过度刺激。尽量避免采用警告或是建议的表达方式，以免得罪孩子心里的成人。你可以和他分享你的观察。和这个阶段的孩子说话，语言一定要简洁，不要啰嗦，能够带点幽默感更好。

3. 充分表现你的爱和肯定。现在，你们相处的时间减少了，你可以简短地表达你的爱和支持，一些话需要说出口，比如"我爱你""你看起来好极了""对了，我觉得你那天的表现很棒"。

4. 鼓励思考。你可以征询他的意见，尤其是敏感的道德话题或世界议题。你会很惊讶地发现孩子非常有智慧。不要拿"只要青春不要毒品"这种华而不实的口号来搪塞他，请他详细研究药物对身体的影响。不要拒绝孩子学习开车的要求，让他去研究一下青少年开车的肇事率和这个年龄的保险费，然后再讨论他是否真的要尝试。

5. 表达信任，而不是担心或怀疑。你需要经常向孩子说"我相信你会做对的事情""想一想，然后做正确的事情"。如果你想表示担忧，千万不要以怀疑的态度表示出来，因为面对一个自认为什么都知道的骄傲的年轻人，你的"怀疑"会辱没他们的判断力，而且不会有任何好结果。

6. 接受青少年需要与你拉开距离的事实。不管你们以前多么亲近，他现在也需要与你拉开距离，尤其是母女之间。你们还是可以有很亲近的时刻，但先决条件是：孩子要相信在你面前不会失去成人角色。你可能有时候觉得被排斥，感到失落，几乎要说："我亲爱的孩子去哪里了。"现实就是，他需要离开你。亲子关系良好时，这种想要离开的感觉尤其让人难受。你了解孩子，他只要说一个字，你光是听他的音调就知道他在想些什么了。可是他必须离开你，成为独立的个体，他不再只是你的孩子了。他需要自己的内心世界，发现自己生命的意义，远离你强有力的影响。

不要怀疑你的重要性或力量。你的意见和你的支持永远重要，尤其是对高度敏感的孩子而言。研究显示，父亲的角色在孩子进入成人世界时尤其重要。即使孩子看起来好像不听你的话，但还是会受到你的影响。

◆和家人相处＼＼＼＼

需要隐私——准备离家

敏感青少年绝对需要隐私，需要有自己的房间，让他们可以放松、

他需要自己的内心世界，发现自己生命的意义，远离你强有力的影响。

思考自己的人生。这是他们可以掌控的空间，随便他们怎么布置。你们可以达成共识，同意一些基本规则，例如多久清理一次，谁负责清理，在房间里可以有什么食物，不可以抽烟喝酒或嗑药。如果犯规，可以用一段时间不准关上房门作为惩戒。

你要让孩子了解，在这个年纪隐私是他需要努力争取的特权。他不应该让你担心。虽然你应该先敲门再进他的房间，也不应该随便翻他的抽屉，但是如果你敲门，他应该说"请进""请等一下"，或是"我正在忙"。敲门是尊重他，不是为了取得他的允许。

反过来说，如果孩子敲你的门，你不一定要让他进来。他确实需要你的允许。这是家长的特权，这个态度可以让孩子期待长大。这让他了解，有自己的收入就可以拥有独立和特权。许多高度敏感者会尽量拖延进入社会的时间，不愿意在经济上独立，因为看起来太难了。但是我们都知道，如果我们接受别人的经济资助，我们也同时接受了别人的管理，因为天下没有免费的午餐。

尽量赋予责任

到了这个年纪，你应该开始让孩子负责自己的生活：食物、衣服、睡眠、活动、功课等等。

凯伦有两个处于青春期的孩子："如果他们不负责，我会提醒一次，然后就不管了。"结果就是不需要多啰唆，孩子会照顾自己。这不但是表示尊重，也是在提供机会让孩子学习如果不负责任，就会造成一些后果。经过这种训练后，孩子能尽早学会适应自我负责的成人生活。

负责任的能力需要学习。这种能力不但有用，而且可以带来成就感。你可以教孩子自己洗衣服、熨烫衣服、缝扣子和烹饪。在我的家里，每个星期三，我们全家会轮流做一顿大餐，用从来没用过或自己发明的食谱。轮到我儿子做晚餐的时候，我们总是会吃到很奇特的食物，那些练习让他现在很会做菜呢。

第一件工作和第一辆车

鼓励高中生打工，让他接触现实世界，建立自信，知道自己可以养活自己。有了工作，就可能需要学开车并拥有自己的车。这些都是大事，不用操之过急，但是一旦孩子准备好就要鼓励他尝试。

◆中学的生存之道

从初中开始，孩子就会有许多不同的科目、不同的老师。学校非常吵闹，压力非常大，每个老师都有不同的学业要求。你可以允许孩子偶尔请个假在家休息，也可以建议他在学校找个安静的空间，图书馆也好，大树下也好。

欲速则不达

高度敏感的凯瑟琳念高一，她口齿伶俐、成熟、外向、社交时很容易觉得厌倦、容易哭、不大喜欢大的声音、容易觉察别人的需要和感觉。因为早熟，她小学一年级被编到优等班，但是她数学不好。

小学二年级时，妈妈帮她转到普通的班级。到了高中，凯瑟琳被编到一个国际升学班——在那里，她接受的是欧式教育，她需要修七门大学程度的课，没有假期，学期和学期之间也要上课。

凯瑟琳跟得上学习进度，但是常常觉得很累、想哭。努力了这么久，到了最后一年，她还是决定退出这个班级。她说："我

案例

要当最好的学生、最好的女儿,什么时候才能停得下来?"有时候,解决问题的唯一方法就是停下来,回头,退几步,重新找合适的路。

詹妮也是如此,她外向,但是只有几个好朋友。她喜欢独处,比同年龄的孩子成熟。她的成绩很好,初三被编到优等班。之后每一年她都感到困难,倒不是学业困难,而是课外活动太多。她什么都做得很好,什么都喜欢:"简直没时间呼吸。"从高一开始,詹妮越来越退缩,她会盯着自己小时候的照片,想念快乐时光,怀疑自己是否属于这个世界。她不谈这些,但是她母亲鼓励她写出来。

高三时,学校辅导老师打电话通知詹妮的母亲,说有一位同学觉得她很不对劲,压力太大了。最后家人送她去做心理治疗,服用抗抑郁药物——她现在考上了哥伦比亚大学,但一直没有停止服用抗抑郁药物。

帮助孩子的学业

你需要让孩子有最好的老师——他会喜欢你敏感的孩子。老师的鼓励会比其他任何人都更能影响孩子。

一开始的时候,家长尽量协助孩子做功课,确定他在认真地做,准时交作业。一旦事情上了轨道你就要早早退出,让孩子自己负起责任来。你的目标是让孩子学会独立、自我鞭策,他做功课是为了自己的长期发展,而不是把功课当作别人指定的任务。

到了这个年纪,这些孩子的冲突都来自内在了。他想做功课却又不

第十一章 敏感的青少年及年轻人
让青春起航的艰难任务

219

想做功课、想帮忙却又不想帮忙。你可以帮助他想清楚要不要做某件事情，例如聊聊功课这件事情。通过谈论疲倦、无聊、其他兴趣、不大做功课引发的人生后果来帮助他平复内在的冲突。

大学之路从长计议

你需要尽早让孩子独立，因为你不会一直在他身边。培养他自我管理的能力，让他可以在大学表现良好。当然，他也会犯一些错误，但这些错误在家里犯总比出门在外犯好收拾。

很不幸的，大学的申请过程不容许出现任何错误。从高中开始，成绩记录就会永远跟着他了。如果孩子忘记交作业，或是根本不肯写作业，你只能尽量让他看到自己的未来是什么样子。

我儿子初三时，我告诉他："我知道你不喜欢做功课。你不觉得这东西有什么重要，你还有那么多兴趣和才华，是这样吧？我们会让你去上大学，但是我们付不起好学校的全额学费。你必须有奖学金，所以成绩必须很好。从现在开始，你的每一科成绩都会有影响。你学的东西都会在入学考试中出现，我们会尽力帮助你——帮你打字，带你去图书馆，帮你寻找资源，让你去上各种课程，帮你和难处的老师对话。但是你必须自己决定要不要上大学。我们不会逼你，只会提醒你一次。"

然后我跟他说不上大学的后果："你可能会做很无聊的工作，老板可能不会让你放手去干，一辈子租房子住，开辆旧车子，很少度假，或是忙到没时间休闲。就算以后决定再回学校念书，你也可能会发现，一面读书一面赚钱养活自己很困难。"

没错，对于高度敏感者而言，这番话很沉重。但是如果他能承受和我们争论要不要做功课，他就能承受这番训话。

现在有很多专业人员协助高中生选择申请合适的大学。让孩子看到现实，然后让他们自己决定。对于高度敏感者，这样就够了。虽然他们很会思考，却不一定真正知道后果如何，除非你清楚地告诉他们。

> 高度敏感者必须在过多和过少活动之间取得平衡。
> 他会感受到很大的压力，想和别人一样参加很多活动。

顶尖大学之外的选择

不是每个孩子都一定要上大学。许多人不上大学。有些人高中毕业之后先工作，隔一年才上大学，或是多花一两年毕业，这都没问题。

如果要上大学，我建议上小型私立学校或是离家不远的大学，这样更容易让敏感的孩子适应。小学校的老师会注意到学生是否在学业上、社交上和情绪上需要协助。

◆社交生活 \\\\\

青春期的社交生活非常活跃，大学里课外活动特别多，社团、夏令营、球队、乐队、校刊等层出不穷。考虑到孩子的敏感特质，离家不远的学校更容易帮他融入大学生活，因为他可以和一起长大的孩子做校友，也常常可以回家和父母待一待。

量力而为

高度敏感者必须在过多和过少活动之间取得平衡。他会感受到很大的压力，想和别人一样参加很多活动。

许多家长会限制孩子的社交活动。一开始确实需要给他们限制，但是我们希望孩子通过失败的尝试获得经验，自己明白平衡的重要。高度敏感者喜欢帮助别人，需要学习设立界限。不管是受到朋友的伤害或是去参与社会公益活动，他们都需要学会不要过度承担别人的问题。他们必须学习什么是自己的责任，什么不是。你可以跟他开诚布公地讨论——他这样帮忙会有什么后果，那样帮忙会有什么后果，或是不帮忙又会怎样，然后让他决定。

处理受伤

青少年的感情特别容易受伤，当青少年的生理、心智都快速成长，又一直把自己和别人比较时，就可能受伤。高度敏感者比一般人更能觉察自己的缺点，他们可能比较成熟，或假装比较成熟，因此看起来较少受青少年文化影响，但是他们还是非常脆弱的。

有什么办法吗？最好的帮助就是培养兴趣和结交校外的朋友。发展艺术爱好、当义工、养宠物、参加户外活动、有共同兴趣的朋友都有很大帮助。拥有一个有爱的家庭也非常有帮助，寻求宗教信仰也可以。换言之，他需要其他圈子来稀释学校的痛苦经验。

幸运的是，随着时间流逝，高中生活似乎会越来越好。到后来，与众不同的特质会变成优势。这些孩子彼此聚集，成为朋友。他们开始拥有自己的特长，赢得他人的尊敬。你需要了解学校有些什么机会让孩子尝试。

我的儿子高中时和朋友发行了一份异见校刊，很快就被查禁了。这使得同学们更加有兴趣，在学校外面跟他索取报纸看。进了大学他又发行了一份报纸，什么文章都刊登，条件是一定要得罪某些人才行，而且要风格幽默。年轻的高度敏感者具有独特的幽默感，加上这个年纪特有的英雄主义、大胆、自信，可以让敏感成为一项资产。

社交生活与性行为——二者紧密相连

讨论这个年纪的社交生活就不能不谈到两性关系。忽然间，男孩女孩不再喜欢和一群人玩，他们想要两个人的约会，并且开始打情骂俏。

　　敏感的青少年可以察觉到自己的性能量，想要做正常的、大家期待或接受的事情。但是从一开始他们就知道，随便的性行为不是他们真正想要的，除非对方是很熟悉、很信任、很成熟的人。因为对敏感的群体而言，性行为实在太可怕、太刺激、太令人承受不起了。我少女时代的策略，就是找一个男孩，跟他长久地在一起。这样一来，我完全不用竞争，不用约会。我们两个都很敏感，很害羞，慢慢地探索我们之间的关系。我母亲努力想要拆散我们，希望我有一个正常的青春期，多多约会、参加派对，认识更多男孩，我就是不愿意。

　　敏感的青少年也需要处理自我形象的问题，我长得怎样？身材如何？照镜子的时候，敏感青少年可能特别苛刻，以为别人跟他们一样的挑剔。在这个年纪，朋友可能一夜之间变成竞争对手或者敌人。八卦、背叛、谎言，让高度敏感的青少年特别容易受伤，他们希望自己能够不在乎，但是他们总是很在乎。

　　身为家长，你能够做些什么？你可以协助孩子在其他方面获得自信，稀释两性关系带来的压力。写作、艺术、计算机、科学、有趣的工作、做义工、个人运动项目都行。你也可以鼓励他找一些气质相近的人当朋友，在无关两性关系的情形下互动。

　　至于两性关系本身，鼓励孩子用自己的速度和节奏探索。告诉他，他可以拥有自己的标准，不需要跟着大家起舞，这无关道德，而是自在，信任自己的直觉。

　　有些青少年为了融入和体验，很早就迫不及待地发生性关系，到最后往往后悔。不过，好在没有造成不可弥补的遗憾。在他们看来，似乎

第十一章　敏感的青少年及年轻人

让青春起航的艰难任务

人生就是要亲身走过、经历过，才会学到教训。

孩子觉察到自己的性能量，却不一定拥有足够的知识。他可能不好意思和父母讨论，尤其是如果你会不自在的话。你，或者是其他人，必须主动提起，知无不言、言无不尽地告诉孩子，你可以通过与孩子分享自己犯过的错误和学到的教训来帮助他。

虽然敏感青少年会思考性行为的后果，他们可能并不真正明白，除非你清清楚楚地告诉他。性病和怀孕都是非常重大的生命体验，不容草率对待。让孩子了解未婚怀孕的后果，正反面都要说。记得要提供可靠的资料说明，避免说教让他们厌烦。

如果孩子缺乏社交生活

另一个问题是鼓励敏感孩子进入社交世界与人互动。如果他至少有一个朋友，偶尔会出门去，父母就不会太担心。

问题是，敏感的男孩子常常会沉溺在网络的虚拟世界中。

作为现代人，我们无法逃避网络世界。熟悉网络绝对是一件有利的事情，但是网络无法取代真正的人际互动。在网络上，面对真人的情绪压力消失了，人际关系发展显得异常容易。但是，在班上发言、和异性面对面说话、与人对立争论都是完全不同的另一回事——只有通过真实生活的锻炼，敏感的孩子才会真正学会和人相处的技巧。

你可以让孩子明白，如果没有足够的社交技巧和人生经验，进入成人世界会多么困难。然后你们可以一起制订计划、戒除网瘾。你可能会惊讶地发现，戒除网瘾有多难，孩子的恐惧有多强，只能一次采取一小步。如果孩子有个好朋友可以一起参加活动会让事情容易一些。

切忌武断地处理，如没收电脑可能毫无用处，反而适得其反。孩子在家庭之外也有条件上网，或者他可以离家出走。在戒除网瘾之前，父母可以跟他谈论事实，耐心等待他，但是不要逼他。这件事必须在双方的共识下努力。

孩子参加的活动、交的朋友可能不是一般青少年喜欢的。他可能喜欢在公园里玩角色扮演，或跟一个中年人学摄影、爬山。你如果想要个独特的孩子，你就要接受他充满个性的选择，你必须真心愿意有个独特的孩子。

◆ 内在生活

有些青少年缺乏社交生活是因为他们拥有非常忙碌的内在生活。这没什么不好，然而，外在和内在生活还是需要达到平衡。

许多高度敏感者从小就有神秘体验。即使没有宗教训练，他们也可能祈祷，感受精神升华的境界。如果孩子缺乏宗教、身心灵、神秘体验的书面知识，他可能会不知所措。

我们无法预料谁会突然被宗教席卷而去，家长可能难以接受孩子如此热衷宗教。最好的预防办法就是让孩子接触态度开放的讨论。陌生的宗教、仪式看起来总是充满吸引力。现代社会充满了各种宗教思想，像自助餐似的任人取用。我们需要和孩子讨论每一道菜的营养价值，要客观，不要有偏见。比较宗教之间的特质，你可以让孩子明白，各个宗教之间，虽然殊途同归，但是各种宗教各有特点，你一定要保持开放的态度，孩子才会肯跟你讨论他的想法和经验。

不论孩子如何表达他的敏感，我相信这会是他最美好的一面，一旦趋于成熟，他将会对世界做出最大贡献。

◆进入青年人生 \\\\\

人生最困难的阶段大概就是离开家庭独立的时候。对于高度敏感者，任何转变都很困难，何况是这么大的转变。如果你的孩子一时半会无法做到独立，不要觉得奇怪。

第一次离家可能是高中毕业或大学毕业时。上大学可能看起来是很大的转变，不管你事前如何做准备，高度敏感者还是可能念到一半就休学了。作为父母，你只能尽量让休学这件事看起来像个好主意，而不是失败或耻辱。让孩子回家，上本地的大学，甚至上社区大学也可以，鼓励他找个工作。薪资较低的工作往往可以让孩子下定决心回去念个正式学位。

在这个年纪，高度敏感者的发展往往比一般人慢，他们会较晚地找到事业方向。许多性感女性会比一般女性早婚，但是直到更晚才会找到合适的伴侣——在经历离婚之后。

高度敏感者比别人慢一步的原因很多。在这个世界里，他们是少数人，世界适合不那么敏感的人。因此，他们还在建立自信。他们会做出一般人会做的选择，然后放弃，再做其他尝试。接着，他们会逃避做决定，因为他们害怕看到这些决定所带来的后果。

父母能做什么呢？倾听，倾听，再倾听。

◆当孩子征询你的意见时 \\\\\

如果孩子征询你的意见，你必须平衡过度保护和鼓励尝试这两种相互冲突的心态。

帮助别人做决定时，我总是强调过程——协助他看清楚相关议题和他的感觉，而不是我认为他应该怎么做。你的目标不只是协助孩子做出正确决定，也是协助他学习如何做决定，所谓授人以渔。一个好的决定需要收集足够的相关资讯、询问多个有经验的人的看法，花更多时间消

> 我们可以活得毫无遗憾，也可以活得充满遗憾。
> 你只需要向孩子指出后果，他就明白了。

化。你可以鼓励孩子尝试一两个可能性，看看结果如何，然后勇敢前行。

缩减计划

如果你觉得孩子需要量力而为呢？例如说，他想应聘好几个离家很远的工作，工作环境竞争激烈，压力很大，你认为他有些自不量力，但是你也不想扫他的兴，怎么办？

1. 提出问题。看他有没有想到可能有的问题。你可能很意外地发现，他其实什么都想过了。如果你看到一些他没有看到的问题，温和地提出来。

2. 一起列出优点与缺点。从他的角度看问题。

3. 建议他一步一步来。例如先在家附近找个相似的工作。

4. 讨论你的忧虑，承认这只是你的担心。"我担心你在那么困难的环境里会不开心。""你离家那么远，我会想你，也怕你会想我们。"

5. 如果他坚持要这么做，讨论一下如果行不通，他可以怎么办。如果有个备用方案，你们双方可能都会比较安心。

扩展计划

如果孩子似乎打算一辈子住在家里呢？敦促孩子搬出去独立生活是一件很微妙的任务。你不想显得无情。你一定要从他的角度想，你说的话都是为他做打算，而不是你自己的需要，也不是因为别的孩子都怎样怎样。

年轻人的人生就是充满实验性。冒险、犯错，然后才稳定下来。我们可以活得毫无遗憾，也可以活得充满遗憾。你只需要向孩子指出后果，他就明白了。

换个角度想，如果孩子就是想追求内在世界，或是探索住家附近的世界，有何不可？试着从孩子的角度去看，接受人就应该有不同的样貌的现实吧。具体应该怎么做呢？我的建议是以下几点：

1. 确定孩子需要你给他压力。给他一些时间，高度敏感者需要比较多的时间踏出这一步。

2. 找人辅导。如果孩子情绪上有困难，找咨询师辅导他，或是找其他具有相似气质的成年人帮助他。这个人可以协助孩子跨越成人的门槛。家长不容易扮演好这个角色，因为家长正代表了家庭和童年。

3. 尝试举行仪式性的成年礼。很多传统文化都有成年礼。高中毕业典礼多少有些作用，但是可能不够。有时候，青少年会自己发明一些仪式，像爬山，或是学个奇特又具有挑战的新技巧。注意他是否做些不寻常的事情作为自己的成年仪式，试着鼓励他，如果孩子还不敢离家独立，却想出门旅行，也要鼓励他，他这是在尝试阶段性的独立。

4. 温和地和他谈谈，看看孩子是否也在担心。他是否担心自己永远无法离家独立，还是他根本不在乎？如果他害怕，你就要减少他的羞耻感和过度刺激的程度，一起做出按部就班的计划来。如果他就是不想独立，而你希望他独立，你可以跟他讨论，如果他不独立，五年后、十年后、二十年后，他的人生会如何受到影响。最后，跟他讨论你的感觉，不要针对个人，而是在你这个人生阶段，你需要安静（或任何诚实的理由）。如果你并不在意他住在家里，但是希望他出钱出力维持家用，就直接跟他讨论他可以如何贡献自己的力量。

5. 做出按部就班的计划。独立后孩子住哪里？如何养活自己？自立的感觉会如何？鼓励他一步一步分段达成，不用一步登天突然就宣布独立了。一开始，他可以和朋友合租房子，住在附近。他可以先找个兼职工作。一旦自己住，自己赚钱，就可能在情感上独立了。你总是可以提供支持，和他谈话相聚。

◆你自己的成长任务＼＼＼＼

我的一位朋友说，从孩子离开娘胎开始，母亲的任务就是不断地放手，也帮助孩子放手。"很多家长做不到，他们总是把孩子视为自己的延伸，把孩子当作自己，只是年纪比较小，比较脆弱，比较依赖。孩子不喜欢这样，他们会因此和家长拉开距离，而不是向父母靠近。"

所有的家长都必须学习接受孩子的改变。高度敏感者的家长尤其需要以身作则，示范如何优雅地接受转变，孩子才能效仿他们，避免不成熟所造成的伤害。许多高度敏感者终生保持一颗幼稚的心，不愿意接受成长带来的变化，他们将所有的改变视为失落，所有的失落视为哀伤。改变意味着可能有的危险。为什么要冒这个险呢？高度敏感者一点也不喜欢冒险。家长也不喜欢冒险。但是我们更倾向于教导孩子如何长大，让他们勇敢地迈出去，寻找自己的生命价值。

放手并不是不关心、不联络、不爱彼此。正好相反，真正的爱只能够发生在两个独立的人之间，无法发生在浑然一体的两个人之间。如果你无法放手，无法让孩子成为自己，孩子就无法真正爱你。

孩子独立后，固然会引发一些痛苦和失落。但等到他成长到三十岁，你会得到一个真正的好朋友。就像任何友谊，你需要保持良好界限和尊重。你还记得这个成年人小时候的模样，吃奶的宝宝，学步的娃娃，全心爱着你的五岁宝宝，但是他自己不会记得这些。如果你希望跟他保有健康良好的关系，你们就必须有共同的兴趣。你需要一直关心、了解孩子的事业及兴趣。当然，还要爱他的家人和孩子。如果他的孩子也是高度敏感儿童，哈！你已经很清楚要怎么办了。

附录

给教师的建议

1. 了解你班上的学生具有不同的气质，其中 15% ~ 20% 会是高度敏感者。他们宁可成为旁观者，观察各种细节，在处理完所有的信息之后，才采取行动。高度敏感者善于内省、直觉强、富有创造力、明白事情前因后果、知道接下来会发生什么、有良知、热心公益、关心别人的感觉、注意到细节或是任何变化。但是这种气质也让他们更容易受到过度刺激或受伤，也不容易融入班级的社交氛围。他有时候很安静，不愿意在班上公开发言。不要被这些表象误导了，他们可能暗暗地发展着独特的才能。

2. 了解气质差异在学习上的影响。让家长及其他老师了解，高度敏感是遗传特质，无法改变，这是正常的行为特质，有缺点也有优点。

3. 你可以和敏感学生的家长密切合作。这些家长常常有深刻的洞见和策略，也需要你的肯定。他们在家里，看到的是聪明、有能力、活泼的孩子，所以会担心你在学校看到的孩子表现不太理想。

4. 如果遇到问题，你可以和以前教过这个学生的老师谈谈，看看什么策略最有效。如果学生言行不合乎你的期待，不要假设他在和你作对，或是他心理不正常。对于这些孩子，他们的气质是否能和环境合拍是最重要的。长大一点以后，他们会需要学着适应世界，但是一开始，世界需要适应他们。

5. 这些孩子非常有创造力，面对他们的时候，你也需要运用创造力。提供视觉艺术及表演艺术的课程，提供创造性写作及巧妙的题目让他们解决。选择具有复杂道德议题或强烈情感的文学书籍供他们阅读。这些孩子往往有非常成熟的心智，你可以让他们帮忙清理教室或布置教室。这些孩子通常跟自然亲近，喜欢养植物或动物，因为他们善于理解别人的意图和肢体沟通，会是最佳助教。

6. 注意敏感学生的兴奋程度。每个人都需要保持适当的兴奋程度才能好好学习，刺激过度或不足都不太好。敏感儿童容易受到过度刺激，因此需要安静的环境，也需要更多时间来处理大脑里的信息。受到过度刺激之后的复原至少需要 20 分钟，所以最好干脆避免他们受到过度刺激。如果在学校总是受到过度刺激，他就会不想上学，甚至一想到上学这件事就又受到过度刺激了。

7. 在施压和保护之间取得平衡。研究显示，对于有安全感的高度敏感儿童，开学时适量的压力可以使他们对同样的刺激具有免疫力。但是已经感到压力的敏感儿童则会在压力之下受到伤害。试着去感觉学生何时需要压力，何时需要放松。千万不要完全放弃要求他们做困难的事情，例如口头报告或挥棒击球。这只会让他们以后更不敢尝试，更觉得自己不够好。注意何时可以要求他们表现，阶段性地协助他们做准备，例如先对另一个学生做报告，再和几个人做报告，最后对着全班报告。或是寻找适合的替代方案，例如打排球就可能比打棒球容易。要确定每一个步骤都有成功的希望，并且大加赞美和肯定，让他们下次更勇敢尝试。

8. 制订计划，降低教室中的过度刺激。例如，做安静的活动、带全班出去散步、让学生自由活动。年纪大些的学生可以寻找安抚自己的方法，管理自己的反应。例如，事前同意敏感的学生到安静的阅读角落去（用低矮的书柜在教室里隔出空间），或是让他离开教室几分钟，透透气、喝喝水。如果他无法公开问你问题，让他有机会私下问你。

9. 允许敏感儿童用自己的速度融入班级。不论是小学或中学，新生入学都可能需要几个星期或几个月，甚至一整年来适应，让高度敏感的学生慢慢适应新环境。如果他不想参与班级活动，不要逼他。他们可能需要先观察一阵子。不要过度注意他们，否则只会让适应过程拖得更久。不要贴上害羞或害怕的标签，他只是谨慎而已。高度敏感者比较保守，除非觉得够安全，否则他们不喜欢冒险。对他们而言，学校生活充满了危险。

10. 鼓励这样的孩子参与班级活动，也请让孩子保持放松，不要过度兴奋。请学生在班上朗读，或两个人互相朗读。不要指出他们有困难的地方，要夸赞他们的发言。这些孩子一旦觉得够安全自在，就会和大家分享。他们往往会成为话最多、最有创造力和最活泼的学生。

11. 有时候，即使是出于关心，你的注意也会给敏感学生太多刺激。例如，轮到他说话的时候，你可以看别处，不要盯着他看。他在班上发言时，不要一直提出问题。你可以分享自己的类似经验，给他回应的空间。班级讨论的时候，邀请他参与，给他一点时间回应。如果他不说话，就当作没这回事地继续进行下去，或是帮他起头，如"或许你在想……""你是不是认为……"

12. 把工作分成许多小步骤。如果孩子觉得焦虑，就退一步，把工作拆解成更小、更容易的步骤。例如，放学的时候，不要笼统地说"准备回家了"，而是具体地说"请穿上外套"。

13. 根据学生气质进行评量。不论是考试、评量或班级表演，让敏感学生保持轻松，才会看到他真正的表现。他们接收的信息总是比别人多，这会更花时间。搜寻这些信息也需要时间。如果受到过度刺激，他将无法处理深刻复杂的信息。如果时间紧迫，学生受到过度注意，或变得过度在意胜败，那对他而言刺激就可能过多了。允许敏感学生使用多元方式呈现自己的学习成果——视觉艺术作品、口头报告或书写等。从最容易的方式开始，问他们相关问题，然后用不计时测验，最后才用计时考试的方式测验。你需要用这些步骤，一步一步探索经验，慢慢地训练他们适应压力较大的测验方式。

14. 课堂上有任何改变，或是任何校外教学和特别活动都要让敏感学生事先知道。这样一来，他们更容易适应，也不会惹出麻烦。

15. 有时候，不良行为是由刺激过度引起的。受到过度刺激时，有些敏感儿童会退缩、分心、不肯参与、忘东忘西、缺乏动机、焦虑、沮丧、羞怯。有些则会情绪波动、哭泣或发脾气，有些变得过于激动，甚至有攻击性。当刺激减弱，他们就会恢复正常。如果想制止学生的行为，首先跟他说："你现在大概觉得受不了了。"然后建议降低刺激的办法："或许你可以在安静角落待一下。"事后建议下次怎么处理："你觉得受不了的时候，请先跟我说。"

16. 永远不要严厉地处罚敏感儿童，只需要温和地私下提醒。有些孩子只要知道自己犯了错，就会哭出来了。如果受到处罚，或是羞辱，他们可能会记得这个经验，却不了解你希望他们学到的教训。

17. 从敏感儿童的角度观察教室。教室拥挤、吵闹、太热、太冷、空气太闷、肮脏、光线太亮、东西太多都会引发过多刺激。尽量改善环境。

18. 协助解决社交困难。给孩子一些时间，让他自己解决社交问题，但是如果拖了几天，或是让敏感学生看起来退缩、被孤立、被排斥、被取笑、被欺负，就要插手干预，告知家长或辅导人员。敏感儿童交朋友可能比较慢，需要协助。他们的言行容易受到其他学生的误解。例如，哭泣可能被视为软弱，需要个人空间被看成个性难相处，极度挫折可能被视为不合理的坏脾气。因为他们容易受刺激，有些孩子特别喜欢取笑或欺负他们。成人需要为他们改善社交环境，让大家能够彼此接纳、尊重，而不是取笑和自己不同的人、攻击温和的人。要经常提醒班上学生，人就是生而不同。

19. 协助学生建立友谊。敏感儿童擅长一对一的关系，只要有一个好朋友就够了。但是他至少应该有一个好朋友。让敏感儿童坐在一起，分组时把他们分在一起，制造熟悉彼此的机会。

20.重视敏感儿童具有的特殊能力。这些孩子往往很早就在某一方面达到成人的程度，通过表扬，可以提升他们的自我形象。他们常常被美感、社会正义感、心灵经验、深刻情绪感动，需要表达的通道。鼓励他们尝试不同的表达方式，直到帮他们找到自己的方式和特长——诗歌、舞蹈、视觉艺术、戏剧、演讲、写作等。